经典来了

一起读孟子

孟琢 著

人民文学出版社　天天出版社

图书在版编目（CIP）数据

一起读孟子 / 孟琢著. -- 北京：天天出版社，2024.6
（经典来了）
ISBN 978-7-5016-2305-1

Ⅰ.①一… Ⅱ.①孟… Ⅲ.①《孟子》—青少年读物 Ⅳ.①B222.5-49

中国国家版本馆CIP数据核字(2024)第081989号

责任编辑：陈 莎	美术编辑：林 蓓
责任印制：康远超 张 璞	

出版发行：天天出版社有限责任公司
地　址：北京市东城区东中街42号　　邮编：100027
市场部：010-64169902　　传真：010-64169902
网　址：http://www.tiantianpublishing.com
邮　箱：tiantiancbs@163.com

印　刷：天津善印科技有限公司	经销：全国新华书店等
开　本：710×1000 1/16	印张：9.25　　插页：1
版　次：2024年6月北京第1版	印次：2024年6月第1次印刷
字　数：106千字	
书　号：978-7-5016-2305-1	定价：80.00元

版权所有·侵权必究
如有印装质量问题，请与本社市场部联系调换。

国家社会科学基金重大项目"基于历代训释资源库的中国特色阐释学理论建构与实践研究"（22&ZD257）、北京师范大学中央高校基本科研业务费优秀青年创新团队项目"基于数字人文的《说文》学跨学科研究"（1233300008）、北京师范大学民俗典籍文字研究中心及中国文字整理与规范研究中心相关成果

北京师范大学文学院教授，从事经典文献与古代汉语相关研究。在《中国社会科学》《哲学研究》等刊物发表学术论文60余篇。出版《齐物论释疏证》《汉字就是这么来的》《孔子曰》等著作。获评第二批国家级一流本科课程（课程负责人）、全国优秀博士学位论文提名、全国高校青年教师教学竞赛一等奖、文津图书奖等。积极面向社会大众传播中华优秀传统文化，在人大附中、北师大二附中、学而思、新东方、博雅小学堂、三联中读等平台开设《论语》《孟子》《庄子》《说文解字》等国学经典课程。

引 言

在中国历史上，儒家思想是中华文化的主干。说到儒家，我们一般会想到两个人——孔子和孟子。

孔孟之道，流传千古。孟子是战国时期伟大的儒家学者，被后人尊称为"亚圣"。"亚"是第二的意思，也就是仅次于孔子的圣人。孟子是一个什么样的人？他的伟大体现在何处？这都可以在《孟子》这部书中找到答案。

《孟子》成书于孟子晚年，是他和弟子们共同编定的，其中分为《梁惠王》《公孙丑》《滕（téng）文公》《离娄》《万章》《告子》《尽心》七章，每章分为上下两篇。其中包含了孟子和诸侯、大臣以及诸子百家之间的交往、对话，也有孟子对弟子的谆（zhūn）谆教导。在这些篇目中，出现了很多脍炙（kuài zhì）人口的名言、成语与典故，比如"天时地利人和""鱼与熊掌不可兼得""尽信书不如无书""民为贵，社稷（jì）次之，君为轻"以及"揠（yà）苗助长""寡不敌众""出类拔萃"等。《孟子》和《论语》《大学》《中庸》一起被称为"四书"，在中国历史上有着非常重要的影响，深刻塑造了中国人的心灵世界。

走进《孟子》，我们可以感受孟子的人格魅力。他是一个内心充满温暖的人，对战乱中的黎民百姓深切同情，四处奔走呼号、游说诸侯，为百姓争取生存底线。他是一个滔滔雄辩的人，口才极佳，善于辩论，经常把论敌"顶"得哑口无言。他是一个真性情的人，不加掩饰，直言不讳，毫不客气地表达自己的真实想法。他又是一个有些"嚣张"的人，在高高在上的王公贵族面前，堂堂正正，从不低头，捍卫了读书人的尊严。

　　说了这些，还是让我们一起品读《孟子》，感受孟子深刻的思想、精彩的人生吧。

人物介绍

孟子，名轲（kē），孟子是对其尊称。儒家学派代表人物，与孔子合称"孔孟"。他出身贫寒，幼时受到母亲严格教育，最终成为大学问家、大思想家。在战国乱世中，他周游列国，向各国国君宣扬仁政王道，为老百姓争取生存底线；他口才好，善辩论，堪称战国时期的"辩论一哥"；他还是个真性情的人，堂堂正正，不畏权贵，捍卫了读书人的尊严。

孟子

滕文公

战国时期滕国国君。他年轻时不爱读书，喜欢赛马、比剑，后来在宋国见到孟子，被孟子的思想折服，成为孟子"最听话"的国君弟子，在国内推行仁政，实行礼制，兴办学校，成为一代贤君。

梁惠王

战国时期魏国国君，因迁都大梁也称梁惠王。他继承魏文侯、魏武侯的事业，但由于错过商鞅、孙膑两位旷世奇才，使魏国连遭挫败。晚年时面向天下招揽人才，想要报仇雪恨；初见孟子，他张口就问孟子能给魏国带来什么好处，被孟子"顶"了回去。

齐宣王

战国时期齐国国君。他的名字叫"田辟疆"，从小就被教育要开疆拓土。他性格直爽，不怕丢人，对孟子非常尊敬。孟子劝他行仁政，两人之间发生了很多有趣的对话。后世人们熟知的"顾左右而言他""缘木求鱼"等许多成语，都源自他们的对话。

陈相

楚国人，本是儒家学者，为大儒陈良的学生，到滕国后，改信许行主张的农家之学。孟子与他展开了历史上著名的"儒""农"之辩。

孟子弟子，齐国人，很崇拜齐国的管仲和晏子。他谦虚好问，《孟子》中著名的"我善养吾浩然之气"便源自二人的问答。

孟子弟子，追随孟子多年。他喜欢向孟子请教尧舜先王的故事，也曾经求教如何交朋友的道理。

孟子弟子，很崇拜张仪、公孙衍这样的纵横家。"富贵不能淫，贫贱不能移，威武不能屈。"孟子这句关于"大丈夫"的名言便源自二人的问答。

一、孟子的成长故事

（一）孟母三迁的故事 / 012

（二）说话算话的一碗炖肉 / 015

（三）严格教子的孟母 / 018

（四）大舜：小孟子的学习榜样 / 020

（五）孔子：小孟子的最高偶像 / 026

二、孟子早期的游历岁月

（一）稷下学宫的辩论：孟子在齐国 / 030

（二）仁政的尝试：孟子在宋国 / 037

（三）嚣张的读书人：宋国的考验 / 042

（四）人皆可以为尧舜：孟子在邹鲁 / 045

（五）"改邪归正"的滕文公：孟子赴滕国 / 049

（六）仁政的尝试：孟子在滕国 / 053

（七）与农家的交锋：孟子辩才惊世 / 055

三、道义为先：孟子与梁惠王

（一）梁惠王的深仇大恨 / 063

（二）义利之辨 / 068

（三）与民同乐 / 074

（四）五十步笑百步 / 076

（五）孟子离开魏国 / 082

四、仁政为本：孟子与齐宣王

（一）孟子对齐宣王的期许 / 085

（二）由一头牛引发的对话 / 089

（三）齐宣王"有毛病" / 094

（四）王顾左右而言他 / 098

（五）伐燕事件：孟子和齐宣王的隔阂 / 101

（六）孟子离开齐国 / 105

五、孟子的思想世界

（一）孟子如何教育自己的学生 / 110

（二）孟子的信念感来自何处 / 115

（三）孟子的思想有些迂腐吗 / 120

（四）孟子为何主张人性本善 / 122

（五）孟子为什么敢"顶"国君 / 127

（六）孟子的理想人格是什么 / 131

竖起读书人的脊梁 / 137

成语典故 / 139

一、孟子的成长故事

走近孟子，要从他的童年说起。

说来也巧，孟子和孔子一样，都是很小的时候父亲就去世了，由母亲拉扯长大。孟子的母亲有些"厉害"，对小孟子的要求非常严格。但也正因如此，他从小就养成了一种刚正的人格。在艰难困苦之中，小孟子收获了坚定不屈、昂扬向上的精神力量，这是他人生中最宝贵的财富。

（一）孟母三迁的故事

孟子姓孟，名轲，是战国时期的邹（zōu）国人。邹国是一个很小的国家，离鲁国很近。在古代，山东地区有"邹鲁之地"的称谓。

孟子出身于一个普通士人的家庭，他和孔子一样，三岁的时候，父亲就去世了。小孟子和母亲相依为命，住在城外郊区的墓地旁边，日子过得很辛苦。《孟子》中有一些和丧葬祭祀（jì sì）有关的小故事，也许就源自这段少年生涯中独有的记忆。

住在墓地旁边，本来是有些吓人的事儿。但天真懵（měng）懂的小孟子并不害怕，他每天到墓地周围玩耍，看到别人在哭泣祭祀，捶胸顿足，自己也跟着效仿起来："呜呜呜，我好伤心！呜呜呜，我舍不得你走啊！"在一个人玩耍的时候，他还会用小铲子把死去的小鸟、小虫埋起来，筑起一个小坟包，用土块和青草做祭品，像模像样地祭祀一番。

别的小朋友的童年生活，不是读书，就是嬉（xī）戏，我们的小孟子，还真是不走寻常路！

小孟子玩得很开心，但母亲却看不下去了。教子严格的孟母眉头紧锁："轲儿总是这个样子，学不到知识，长不了本事！不行，我们搬家！"

于是，孟母变卖家当，想办法凑了些钱，找到了一处新的房子。这里远离墓地，在城南的市场边上。没想到，小孟子的模仿能力超强，他不学祭祀了，开始学着别人做生意了。

听着市场上热闹的叫卖声："糖葫芦，酸又甜！""大包子，薄皮大馅十八个褶（zhě）！"……小孟子的心里也痒痒的。只见他用泥巴捏成牛羊，用木块和树枝拼成家具，小孟子的杂货铺开业了！"开业大酬宾啦！""走过路过，不要错过！""瞧一瞧，看一看！"他煞（shà）有介事地吆喝起来，还真像那么回事！

看到这个样子，孟母又是眉头紧锁，想不到，这里也非宜居之所！总学这个，轲儿能成为读书人吗？能学到文化吗？"不行，还要搬家！我儿子不能住在这个环境里。"

无论古代还是今天，搬家都不是一件轻松的事儿。孟母咬了咬牙，把自己陪嫁的首饰给卖了，凑了一笔钱，搬家！

一起读孟子

　　在孟母的努力下,他们一家搬到了学宫边上。学宫是当时的学校,里面有各种各样的读书人。他们诵读诗书,行礼奏乐,充满了文雅雍容的气象。小孟子住在学宫附近,发挥出善于模仿的特长,平日玩耍的时候,效法学宫中的学者,读书学习,演练礼乐,渐渐地,有了一种小博士的气质。

　　看着小孟子的变化,孟母露出了欣慰的笑容。

　　这就是著名的"孟母三迁"的故事,为了孩子能有一个良好的学习环境,孟子的母亲可谓煞费苦心。功夫不负有心人,古书记载,随着孟子一天天长大,他"学六艺,卒(zú)成大儒之名"(《列女

传·邹孟轲母》），精通"六艺"，被人尊称为"大儒"。

孟子的成就，源自童年时期打下的底色，这与他母亲的教育密不可分。

知识小贴士：

教子有方的田稷母

"孟母三迁"的故事取自《列女传》，这本书里还有很多慈母教子的故事，齐国田稷母教子退礼就是其一。田稷在齐国为相，一天带了一大笔钱回家。田母很吃惊："你在齐国为相三年，从未有过这样多的俸禄（fèng lù），这是打哪儿来的？"田稷答道："是下属给的。"田母正色道："大丈夫当尽忠报国、廉洁公正，私受巨财，是为不忠，为臣不忠，便是为子不孝。不忠不孝，你还有何脸面当我的儿子！"田稷大为惭愧，连夜把钱退了回去，并报告了齐宣王。齐宣王听闻此事，称赞道："好一个明理的母亲！"不但赦（shè）免了田稷的罪，还重赏了田稷的母亲。

（二）说话算话的一碗炖肉

在教育小孟子的问题上，孟母向来非常用心。她不仅给孩子创造一个良好的环境，还以身作则，教他做一个诚信的人。

一起读孟子

孟子小的时候,家里穷苦,很少能吃到肉。有一天,东边的邻居正好在杀猪。对古人来说,杀猪吃肉可是一件开心热闹的大事儿。邻居一大家子聚在一起,喧闹之声传到了小孟子家里。

小孟子有些好奇,想去看热闹;更有些嘴馋,想吃香香的炖肉。于是,他稚声稚气地问道:"母亲,邻居在杀猪,是要做什么呢?"

孟母正在织布,听到小孟子的问题,不免有些心酸。邻居杀猪,还能是做什么呢?当然是吃肉了。她知道孩子嘴馋,但自己家里缺钱,吃不起肉。她不想"打击"小孟子,于是说了一句温柔的谎言:"孩子,邻居家杀猪吃肉,也会有你一份的。"

"真的吗?太好了!今天晚上有肉吃了!"小孟子欢呼雀跃,一蹦一跳地去玩了。

孟母哄走了孩子,心里不免自责:"唉,我这不是跟孩子撒谎吗?我怀这个孩子的时候,席子不正,便不坐上去;肉切得不规矩,便不吃。别人都说我有些'矫情',咱们这样的穷人家,有席坐、有肉吃,已经很不容易了,你还挑三拣四。我对他们说,你们不懂,

我这叫'胎教'——在怀胎十月的时候，就要以身作则，教育孩子做一个正直守礼的人！"

我们今天都知道"胎教"这个词，在历史上，它其实出自孟母之口。想到自己教育孩子的初心，孟母有些难过："我骗轲儿说有肉吃，这不是教他撒谎吗？当母亲的，怎么能这样呢！"

于是，严于律己的孟母咬了咬牙，拿出家里为数不多的钱币，到邻居家买了一块肉，做给小孟子吃。到了晚上，在昏黄的灯光下，小孟子大口大口地吃着炖肉，幸福极了。但要知道的是，孟母的教子之心，比这碗炖肉要宝贵许多……

知识小贴士：

珍贵的肉

先秦时期的平民百姓一般以谷物和蔬菜为食，肉对他们来说极为珍贵，通常只有病人或长者才能够享用。孟子曾对梁惠王说，"七十者衣帛食肉"，就算得上王道之始了，可见当时普通人想吃肉有多么难。与之相对的，王公贵族在吃肉上可就奢靡（shē mí）多了，孟子痛斥其"庖（páo）有肥肉"，过着流油的生活。在《左传》中，平民出身的曹刿（guì）则愤愤地将贵族们称为"肉食者"，直言贵族们吃着大鱼大肉，见识却极为浅薄。一碗炖肉，成为了古代巨大贫富差距的缩影。

一起读孟子

（三）严格教子的孟母

孟母对孩子的教育相当严格，别人的母亲是"慈母"，孟子的母亲却是"严母"。没办法，孟子从小没有父亲，她只好扮演不同的教育角色——又当妈，又当爹；为了督促小孟子专心学习，有时还要做个"虎妈"。

小孟子一天天长大，开始上学了。就像不少这个年龄段的小朋友那样，比起读书，小孟子更喜欢玩耍。古代学校管理没有那么严格，他有时会溜出学堂，在原野上逍遥游览，看看野花，追逐蜻蜓，十分自在。

有一天，小孟子放学回家，书包上插着两枝小花，脸上也挂着泥土。孟母一看他散漫狼狈的样子，心里一下子明白了：这孩子，八成又逃学了！

虽然有些生气，但她没急着批评小孟子，而是淡淡地问道："轲儿，今天上学读书，学得怎么样啊？"听到母亲这样问，小孟子有些脸红了，自己今天逃学了，这可怎么跟母亲讲啊。他嗫嚅（niè rú）地说道："今天上学……感觉还可以……"

一看这个样子，原来八成的猜测变成了十成，孟母的脸色阴沉下来，她拿起一把锋利的尖刀。小孟子一看，吓坏了！母亲这是要干啥？以往我犯了错误，顶多用竹棍打两下，今天怎么拿起刀了？不会吧，母亲是不要我了吗？！

小孟子吓得腿都有点儿软了。

孟母沉着脸，走到织布机旁："轲儿，你知道母亲织布辛苦，一匹布要织上好多天。"

"是呢，是呢。"小孟子连连点头。

孟母眼神坚定，用力挥刀，唰一声，把织布机上的线缕一刀两断！这一匹布也就彻底作废了。

小孟子惊呆了，母亲这是要干什么？这一匹布她要辛苦织好久，今天怎么……他含着泪水，怯生生地问："母亲，您这是……"

孟母轻轻地放下刀，坐了下来，柔声说道："轲儿，你觉得可惜了，对不对？织布不能半途而废，读书治学难道就可以吗？你逃学的行为，就像母亲割断这匹布一样，太可惜了呀！"

 一起读孟子

"哇!"小孟子哭了出来,扑到了孟母的怀里,"母亲,我错了!我以后再也不逃学了!"

自此以后,小孟子刻苦读书,勤学不已,最终成为一代大儒。孟母也因为"断机教子",在中国历史上留下了不朽的名声。

 知识小贴士:

"断机教夫"的乐羊子妻

除了"断机教子",古代还有"断机教夫"的故事。《后汉书·列女传》记载,河南乐羊子外出游学,不到一年就回来了,妻子问他缘故,乐羊子说:"没别的事儿,就是想家了。"妻子听罢,拿起一把大剪刀,咔的一下就把即将完成的布匹剪断了。面对惊愕(è)的乐羊子,妻子说:"无数的蚕吐出丝,无数的丝汇成线,无数的线才结成这匹布,这中间需要不知多少个月。今天把它剪断,之前数月的工夫就白费了。你在外求学,日日精进,今天却半途而废,不就好比这匹断掉的布吗?"乐羊子大为羞惭,于是重返学业,一连七年都没有回家,终成一番大业。

(四)大舜:小孟子的学习榜样

小孟子刻苦学习,攻读《诗》《书》——《诗》是《诗经》,是

先秦诗歌的总集；《书》是《尚书》，记录了尧（yáo）舜（shùn）禹（yǔ）以来的上古历史。学习《诗经》，可以陶冶性情，增长知识；学习《尚书》，可以了解先王之道，感受圣王的智慧与境界。在《孟子》中，他广泛引用《诗》《书》，体现出一代大儒的博学多识。在《尚书》中，孟子找到了自己的学习榜样，这个人就是大舜！他经常给别人讲大舜的故事。

舜出身很苦，他的父亲叫"瞽叟（gǔ sǒu）"，用现代汉语来说，就是"瞎老头儿"的意思。这个名字可能是后人加上去的，带有很强的嘲讽之意——不仅眼神不好，还目不识人。舜的母亲很早就去世了，瞽叟很快给舜找了后妈，生了一个叫象的儿子。瞽叟和后妈很偏心，对象百般关爱，对舜却冷面无情——连舜这样优秀的儿子都看不上，难怪被人叫作"瞽叟"呢。说起来，舜和孔子、孟子一样，都是"少孤"。他们成长在生活的泥沼中，最终成为参天大树。

尽管瞽叟和后妈看不上舜，但舜确实是一个优秀的青年。他多才多艺，做过各种各样的活儿。舜在历山种田，不仅庄稼收成好，而且谦让有礼。在他的影响下，当地的农夫们都变得礼让起来，不去争执田界了。舜在雷泽打鱼，渔民们也都互相礼敬，把好的窝棚让给别人。舜在河滨做陶器，态度认真，质量极高，其他工人跟着效法，再也没有出现过劣质产品。舜的优秀感染了身边的人，起到了移风易俗的效果。尧听说了，便把自己的两个女儿嫁给他，让自己的儿子跟他学习，想要把君位禅（shàn）让给舜。

舜得到了尧的赏识，本来是件大好事，但人的嫉妒之心不可捉摸，他的后妈和象看着舜一天天"发达"起来，妒火中烧，想要害死他，天天在瞽叟耳边说舜的坏话。瞽叟呢，是个糊涂老头儿，也

 一起读孟子

对自己的大儿子起了杀心。

有一天,瞽叟对舜说:"家里的仓库漏雨了,你去补一补房顶。""好的,父亲!"舜毫不犹豫地答应了。但看到后妈狠毒的眼神,还有象一脸坏笑的样子,他仿佛明白了些什么。但舜毕竟是孝子,不好反驳父母的命令。于是,他拿了两个大大的斗笠,爬上了高高的粮仓,开始干活儿。

活儿干到一半,瞽叟果然放火了,想要烧死舜。浓烟滚滚,烈焰升腾,情急之下,幸亏舜早有准备。只见他一手一个斗笠,纵身一跃,两手用力扇动,就像一只大鸟一样,飞出去好远,脱离了险境!

舜平安回到家里,瞽叟、后妈和象不觉得羞愧,反而恨恨不已,怎么没把他弄死呢?一计不成,又生一计。瞽叟对舜说:"水井里面有很多淤泥,你下去淘一淘!"舜听了有些寒心,他们终究还是不肯放过我啊!

到了淘井那天,舜下到漆黑的井底,赶紧躲到旁边的一个空洞里。不一会儿,只听头顶上哗啦作响,后妈和象倒下来很多泥土石块。这对狠心的母子,居然想把舜活埋掉!象以为舜已经死了,大摇大摆地去往舜的家里,想要分财产。他得意扬扬地说:"谋害哥哥都是我的功劳,现在开始分财产啦!牛羊分给爸妈,仓库也给爸妈,我要哥哥的盾牌、长戈、瑶琴、雕弓!当然啦,两个嫂嫂也归我了!"

令他没想到的是,在他兴高采烈之际,舜已经从井里脱身回家了,正在悠闲地弹琴。象大摇大摆进屋,猛然看到舜在那里,又惊又愧,闹了个大红脸!

舜看见了,有几分幽默地对他说:"弟弟,你忸怩(niǔ ní)什么啊?"象想了想,挠了挠头,万分尴尬地说:"哥哥,我是因为思念你啊!"

舜明知是假话,但也不说破,淡淡地笑了笑,打发象走了。很多人会纳闷,舜为什么不追查凶手呢?要知道,在舜看来,一旦追查到底,象一定会被重重惩罚,也会牵连到自己的父亲和后妈;为了不伤害父母,还是算了吧……

舜出身贫寒,历经坎坷,最终取得了伟大的成就,成为名垂青史的一代圣

 一起读孟子

王。对小孟子来说，他的事迹既亲切，又励志。他把舜作为了自己学习的榜样，多次感慨舜的品德，这是一种由平凡走向伟大的精神力量。

《孟子》中说：

> 大舜有大焉，善与人同。舍己从人，乐取于人以为善。自耕、稼、陶、渔，以至为帝，无非取于人者。取诸人以为善，是与人为善者也。故君子莫大乎与人为善。
> ——《孟子·公孙丑上》

在孟子看来，大舜的伟大之处，在于善于向别人学习。他舍弃了自己的偏见，乐于效法别人的长处。无论是种地、制陶、打鱼，还是当天子，都能保持虚心好学的品质，从别人那里吸取优点，一同行善——这就是"与人为善"的道理，这是君子最高的品德！

我们都知道"与人为善"这个成语，它出自孟子之口，真正的"与人为善"，一定要虚心学习别人的长处。除此之外，孟子还说过一句很有意思的话：

> 舜之居深山之中，与木石居，与鹿豕（shǐ）游，其所以异于深山之野人者几希。及其闻一善言，见一善行，若决江河，沛然莫之能御也。
> ——《孟子·尽心上》

舜年轻的时候，居住在深山老林之中。他没有什么朋友师长，

与树木、石头当邻居，和梅花鹿、小野猪一起玩耍，跟深山中的野人没有太大区别。孟子这么一说，舜和小猴子仿佛都有几分相似了，拽着藤条飞来飞去，很有画面感。尽管如此，当舜听到一句"善言"，看到一件"善行"，他生命中的道德力量就被激发出来，从此走上圣贤之路，犹如长江大河，浩浩荡荡，什么都拦不住他的脚步。

在孟子心中，大舜最了不起的地方，在于一种道德的"突破力"。无论出身多么贫贱，无论起点多么低下，只要找到方向、找准目标，这种道德的生命力就会蓬勃不已、生生不息，一直指向圣贤的最高境界。

知识小贴士：

智慧的大舜

除了孝顺，智慧也是舜一项极为宝贵的品质。舜善解民意，《礼记·中庸》引孔子的话说："舜其大知也与！舜好问而好察迩（ěr）言，隐恶而扬善，执其两端，用其中于民。其斯以为舜乎！"舜善问能察，明善知恶，治理策略不偏不倚，是一位有大智慧的圣王。同时，舜也知人善用。在位期间，他任命了禹、皋陶（gāo yáo）、夔（kuí）、伯益等重要人才，把国家治理得井井有条。孔子盛赞舜的治功："舜有天下，选于众，举皋陶，不仁者远矣。"（《论语·颜渊》）评价不可谓不高。

 一起读孟子

（五）孔子：小孟子的最高偶像

在大舜之外，小孟子还有更为崇拜的人，是他最高级的人生偶像。

这个人，就是孔子！

在孟子看来，古代的圣人有两种：一种是伟大的圣王。比如尧、舜、禹、文王、武王、周公，他们有伟大的道德境界，也是执掌天下的王者。另一种则是来自民间的圣贤。他们并非身居高位，也没有敌国之富，但凭借自身的人格学问，被尊为圣人。孔子是后者的代表。他不是王者，不是诸侯，却有着一个无比精彩的"即凡而圣"的人生，向世人展现出平凡的人所能达到的无限的生命境界。因此，孔子是孟子心中最值得效法的人。

孟子曾经感慨：

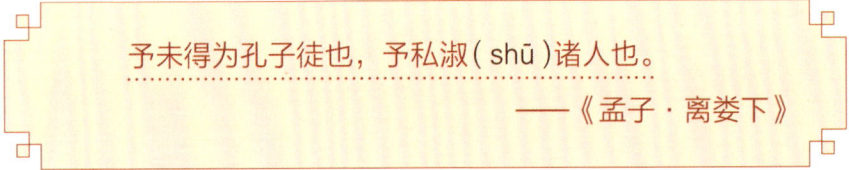

予未得为孔子徒也，予私淑（shū）诸人也。
——《孟子·离娄下》

孟子有些遗憾，自己生得太晚，没有赶上孔子的时代，亲自向夫子求学请教。"我没有成为孔子的学生，我是私下从别人那里学来的。"言下之意，我虽不是孔子的弟子，但一直在向孔子的后学请教儒家之道，继承了孔子的思想。"私淑弟子"也成为了一个成语，指的是私下敬仰，却没有机会得到前辈直接传授的学生。如果你由衷喜欢一个老师，但没有机会拜入门下，只能悄悄地向他学习，也可以说，我是他的"私淑弟子"呢。

在孟子的一生中，孔子始终是他努力的方向。弟子公孙丑曾向

他请教:"老师,在孔子的学生中,子夏、子游、子张,都学到了孔子某一方面的学问;冉牛、闵(mǐn)子、颜回这些人,更称得上'小孔子'。在这些贤人中,谁是您学习的偶像呢?"

孟子笑了笑,说道:"先不提他们了。"言下之意,这些人虽然了不起,但都不是自己的偶像。

哦?公孙丑有些好奇,老师的心气这么高!"那您觉得,伯夷和伊尹怎么样呢?"

伯夷是谁?他是古代著名的隐士,十分清高,为了坚持自己的理想,不食周粟,饿死在首阳山上。伊尹是谁?他是商汤的谋士,帮助商汤打败夏桀(jié),拯救百姓于水火之中。一个坚持信念,一

一起读孟子

个担当天下,都是古人心中的圣贤。

提到这两个人,孟子充满敬意地说:"他们都是圣贤,但两人风格不同。伯夷清高,退隐山林;伊尹担当,出仕治国。穷则独善其身,达则兼善天下,他们分别代表了圣贤的不同方面。"盛赞之后,孟子话锋一转,"尽管如此,他们还是比不上孔子。我的心愿,是要向孔子学习!"

"在您心中,孔子为什么这么伟大呢?"公孙丑有些疑惑地问,"您为什么觉得,孔子胜过古代一切圣贤呢?"

孟子没有直接回答,而是引用了孔子弟子有子的话:

> 麒麟之于走兽,凤凰之于飞鸟,太山之于丘垤(dié),河海之于行潦(lǎo),类也。圣人之于民,亦类也。出于其类,拔乎其萃,自生民以来,未有盛于孔子也。
>
> ——《孟子·公孙丑上》

麒麟相比于走兽,凤凰相比于飞鸟,泰山相比于土堆,河海相比于小溪,何尝不是同类之物。圣人和百姓相比,也是同类。孔子出身贫寒,来自民间,但他通过自己的不懈努力,远远超出常人——"出类拔萃"这个成语,正出自《孟子》——自有人类以来,还没有比孔子更伟大的啊!

孟子由衷地敬佩孔子,他虽然没能进入孔子的课堂,但始终追随孔子的脚步。他站在时代的精神高峰之上,与孔子遥遥相望,让"孔孟"成为中国文化中影响深远的思想符号。

知识小贴士：

万世"偶像"——孔子

孔子是中国文化的丰碑，也是古往今来许多人心中的偶像。弟子子贡比他为"日月"，是无论如何也无法逾越的。太史公司马迁在《史记》中说："自天子王侯，中国言六艺者折中于夫子，可谓至圣矣！"孔子身为布衣，但他倡导的儒家思想却能折服无数天子王侯，流芳百世，难怪司马迁要用"至圣"称赞他。宋代大儒朱熹则直接宣称："天不生仲尼，万古长如夜。"如果没有孔子，整个民族恐怕还在黑暗中迷茫呢！这句表述虽略显夸张，但确实反映了孔子在中国文化中的崇高地位。

二、孟子早期的游历岁月

在孟母的严格教导下，小孟子刻苦学习，成为了当时最优秀的学者。

和当时的读书人一样，学成之后，孟子开始周游列国，想要实现自己的政治理念。可以说，他一生都在寻求一个"听话"的国君，来实行自己的仁政理想，给广大百姓提供安居乐业的乐土。在这个过程中，他见过各种各样的君主，和不同的人展开激烈辩论，在挑战、挫折与失望中，也养成了刚健坦荡的君子人格。

在这一章，我们从孟子早期的游历岁月说起。

（一）稷下学宫的辩论：孟子在齐国

孟子生活在中国历史上的战国时代。

这是一个战乱频仍的时代，诸侯之间抢夺城池，不断爆发规模宏大的战争。在烽烟与战火中，百姓流离失所，匍匐挣扎在死亡线上。这是一个百家争鸣的时代，随着孔子开启平民教育，知识与学问不断下移到士人手中，形成了思想文化的大喷发，产生了儒家、道家、墨家、法家、纵横家、阴阳家等影响深远的思想流派。这是一个黑暗压抑的时代，也是一个风起云涌的时代，更是一个生机勃勃的时代，为孟子提供了极为精彩的历史舞台。

孟子想要游说诸侯，推行仁政，第一站来到齐国。

齐国是春秋战国时的老牌强国。春秋时期，齐桓公在管仲的辅佐之下，尊王攘（rǎng）夷，富国强兵，成为了"春秋五霸"中的首位霸主。到了战国，经历了"田氏代齐"的变化，齐国君位虽为贵族田氏所夺，但也始终是首屈一指的强国。齐国首都临淄（zī）人口众多，非常富庶，当时人形容临淄的大街上"摩肩接踵（zhǒng）"——人太多了，走在街上，肩膀蹭着肩膀，脚后跟撞着脚后跟，真是热闹非凡。

在孟子的青年时期，齐国的国君是齐威王，他刚刚即位的时候，相当不靠谱：

> 齐威王之时喜隐，好为淫乐长夜之饮，沈湎不治，委政卿大夫。百官荒乱，诸侯并侵，国且危亡，在于旦暮，左右莫敢谏。淳（chún）于髡（kūn）说之以隐曰："国中有大鸟，止王之庭，三年不蜚又不鸣，王知此鸟何也？"王曰："此鸟不飞则已，一飞冲天；不鸣则已，一鸣惊人。"于是乃朝诸县令长七十二人，赏一人，诛一人，奋兵而出。诸侯振惊，皆还齐侵地。威行三十六年。
>
> ——《史记·滑稽列传》

年轻的齐威王不喜欢治理国家,整天整夜地饮酒作乐,妥妥的昏君形象。他还有一个特殊的爱好——猜谜语。大臣跟他进谏,正面直说,一句都听不下去,要是编出个谜语啥的,兴趣立刻就来了,兴高采烈地猜来猜去。齐威王把国事都交给大臣们办,百官贪污受贿,无所作为,别的国家都来欺负齐国,抢走了不少土地,国家危在旦夕。

时间久了,正直的大臣们心急如焚,谁来救救齐国啊!这时候,一位叫淳于髡的先生挺身而出。淳于是他的姓,髡是名字,古代犯罪要剃光头，表示羞耻，"髡"就是剃头的意思——淳于光头，这个名字有些奇怪。

淳于先生大摇大摆走进宫殿，对齐威王说："大王，给您猜个谜语！咱们齐国有一只大鸟，就栖居在您的庭院里。三年不飞，三年不叫，您说这是什么鸟？"

什么鸟？当然是齐威王这只鸟了！齐威王心里明白，哈哈大笑："淳于先生，你放心，这只大鸟虽然三年不飞，一旦展翅，必将直冲苍穹；虽然三年不叫，一旦发声，必然惊动四方！"原来，齐威王三年不问朝政，其实是在韬光养晦，说白了就是"装傻"。他一直在默默地观察，谁是贤臣，谁是小人，心里清清楚楚。他召集全国七十二县的长官前来议事，重赏了一名贤臣，诛杀了一名奸臣，齐国由此大治。接下来，他发兵征讨，侵略过齐国的诸侯们吓坏了："齐威王飞起来，还真是高！叫起来，还真是响！原来他之前都是装的啊！"纷纷归还了齐国的土地，给齐威王送上重礼求和。齐国的声威维持达三十六年。

齐威王为振兴齐国，招揽人才，修建了著名的稷下学宫，广招天下学者，在其中论道问学，探究治国之法。在战国时代，稷下学宫是全中国最适合做学问的地方，既有"九流十家"的学者可以探讨辩论，更有齐威王的大力支持，生活无忧。稷下学宫吸引了很多著名学者，其中就包括了孟子，这是他周游列国的第一站。

孟子到齐国时是四十岁，正当壮年，他的儒学思想也基本上成熟了。由于初出茅庐，他并未得到齐威王的充分重视，但却见到了著名的淳于髡先生。淳于髡擅长谜语，聪明多智，在他眼中，儒家学者都是一群老古板。你看那位孟轲先生，一脸严肃正经的样子，多不讨人喜欢。干脆，我来逗逗他吧。

一起读孟子

"孟轲先生,问您一个问题。"淳于髡发难了,"按照礼制,男女之间传个东西,不能手递手,对吗?"

"是的,这就是礼节。"孟子回答说。说起来,古代的礼制是有些"封建"的,所谓"男女有别",男女间传递个物品,男方需将其放在某处,女方再去取过来。

"嫂子掉水里了,小叔子能伸手把她拉上来吗?"在亲戚关系中,嫂子是哥哥的媳妇,弟弟又叫小叔子。古人认为,他们之间要保持距离,注意避嫌。在这里,淳于髡给孟子出了个难题:根据礼制,男女之间传东西不能手递手。那在救人的时候,能不能拉手呢?如果可以,是不是违反了礼的原则呢?

孟子一听,有些无语。我说的是一般意义上的大原则,你跟我讲生死之际的特殊情况。我们儒家有那么死板,有那么不近人情

吗?他有些不快地说:"嫂嫂掉到水里,小叔子为了守礼,不伸手把她拉上来,这就是豺狼禽兽,一点儿人味都没有!男女之间保持距离,递东西不要碰到手,这是守礼,是坚守规则;嫂嫂掉到水里,小叔子毫不犹豫地拉她上来,这是权变,是灵活运用。"言下之意,儒家是灵活变通的,才不是你说的老顽固、死脑筋!

淳于髡碰了颗硬钉子,自觉无趣,又有些不甘心,便问孟子:"当今天下大乱,老百姓犹如落在水中,苦苦挣扎,你为什么不伸手救一救他们呢?"

孟子心想,你这是偷换概念啊!之前说的是救人,现在说的是救天下,能是一回事吗?于是,他毫不留情地"顶"了回去:"天下落水,要用大道来救!嫂嫂落水,要伸手来救!你觉得我伸出手来,能救天下吗?"

淳于髡哑口无言,灰头土脸地走了。在这段对话中,体现出孟子思想的三个特点:

首先,孟子是坚守原则的,坚持仁爱守礼的做人之道。其次,孟子是灵活变通的,并不是一成不变的顽固死板,在他的思想中,原则和权变并不矛盾。最后,孟子善于辩论,一下子抓住了淳于髡诡辩的漏洞。

尽管孟子辩才无碍,驳倒了大名鼎鼎的淳于髡,但他毕竟人微言轻,很长时间没有得到齐威王的接见。当然,真正的人才是难以埋没的,孟子和齐国的大将、重臣做了朋友,最终得到了齐威王的尊重,获得了客卿的高位。尽管如此,他还是有些心灰意冷——齐国只是表面上尊重自己,并没有实行仁政的意思。在齐国住久了,孟子开始考虑是否要离开。这时候,家乡突然传来了噩耗——孟母去世了!

一起读孟子

孟子从小和母亲相依为命，没想到，母亲去世得这么急，在她最后的时光里，做儿子的也没能在身边尽孝。孟子痛哭不已，伤心极了。他连忙赶回邹国，厚葬了母亲。

在母亲的墓旁守丧三年，孟子时常回忆起母亲既严格又温暖的教育，回忆起自己不断搬家的童年生活……

知识小贴士：

机智善言的淳于髡

淳于髡身材短小，但博学机智，善于运用巧妙的言辞讽谏君主。《史记·滑稽列传》记载，齐威王沉湎于饮酒，有时能连喝一整夜。在一次宴会上，齐威王问淳于髡："您的酒量有多少呀？"淳于髡答道："臣喝一斗能醉，喝一石（一石等于十斗）也能醉。"齐威王很惊讶："您喝一斗就醉，怎么还能喝到一石呢？"淳于髡说："这得分情况。要是大王您在朝堂上赐酒，满堂文武列队森严，那我一定战战兢（jīng）兢，喝一斗就醉；如果是旧友来访，欢乐交游，那估计能喝个五六斗；可要是抛却一切礼节，杯盘狼藉，昏天黑地，我就能喝一石了。"听了这话，齐威王心里直犯嘀咕："好嘛，淳于先生这哪里是在说自己，分明是批评寡人平日饮酒过度、不守礼节啊！"打这之后，齐威王有所收敛，再也不过量饮酒了。

（二）仁政的尝试：孟子在宋国

为母亲守完三年之丧，孟子回到齐国，待了很短的一段时间，就踏上旅途，前往宋国。

宋国是一个历史悠久的国家。西周初年，周公封商纣王的哥哥微子为宋公，延续了殷人的祭祀。宋国传承了数百年，在孟子的时期，当时的国君是宋康公。他即位十一年之后，觉得当诸侯不过瘾，自己给自己封了王位，成了宋康王。称王数年，他的野心迅速膨胀——向东攻打齐国，攻取了五座城池；向南打败楚国，夺得了三百里的土地；向西进攻魏国，战胜了魏国的守军。短短数年，连败数国，颇有一种"打遍天下无敌手"的气概！

取得了如此彪悍的战绩，宋康王"飘"了。他想要夺取天下，甚至开始挑战鬼神。他找了一个皮袋子，里面装满了血，高高地悬挂起来。自己弯弓搭箭，一箭射破，血洒了一地，康王哈哈狂笑："我射死天神了！我射死天神了！"自我膨胀成这个样子，也是古今罕见。各国诸侯都非常厌恶他，纷纷吐槽："宋国又开始像商纣王那样了，必须灭掉！"于是，列国结盟，联合起来，一举灭掉了宋国。

宋康王可谓"作死"的典型，葬送了宋国数百年的社稷。孟子到宋国的时候，康王还没有那么膨胀，孟子对劝说他推行仁政充满信心。他的弟子万章还有些犹豫，宋国这么小，能行王政吗？周围像齐国、楚国这样的强国，不会忌惮宋国，前来攻打吗？孟子则信心满满：

一起读孟子

> 苟行王政，四海之内皆举首而望之，欲以为君。齐、楚虽大，何畏焉？
>
> ——《孟子·滕文公下》

宋国如果真的实行王道，天下都要翘首企盼，让宋国成为共主。齐国、楚国虽然强大，又有什么可怕的呢？

说起来，什么是王道呢？王道和霸道是相对而言的，用仁爱关怀百姓、用道德感化民众，让天下百姓都主动归顺自己，这是王道；用武力打败诸侯，威震天下，让天下百姓都畏惧自己、服从自己，这是霸道。在战国这样一个充满竞争的时代，诸侯多行霸道，唯有孟子所代表的儒家积极倡导王道。

王道的核心是关爱百姓，关爱百姓就要减少赋税、避免战乱，让百姓过上太平日子。孟子向宋王提出建议，收税不要太多，十分之一就可以了；在国家的关卡和集市上，更不要额外收税。问题在于，宋康王正要大力练兵，扩张军备，加税都来不及，怎么可能减税呢？但孟子说的似乎也很有道理，于是他派出大臣戴盈之，前往"解释"一番。

"孟轲先生，您说的减税之道，很不错！但宋国现在有特殊的'国情'，做起来太难。要不这样，先减一点儿，剩下的明年再说。您看如何？"

在戴盈之看来，我们大王够有诚意了！仁政虽好，也要循序渐进，一下子减税太多，国家的钱不够用，那可不行！但孟子显然不买账——宋国到底是要行王道，还是行霸道？定下方针政策，为什么不赶快落实？再拖延下去，老百姓还要额外受苦。

心里不满，嘴上还是要委婉一些："戴大夫，我听说有个人，每天都要偷邻居一只鸡。不偷鸡，他就睡不着觉！您说这事儿可笑不？"

"哈哈哈！"戴盈之开怀大笑，"这个人什么毛病，是有偷鸡病吗？他上辈子是黄鼠狼吗？他的邻居家是开养鸡场的吗，怎么这么多鸡？"

孟子微微一笑，继续说道："是可笑。别人也劝说他，偷鸡不是君子之道，还是改一改吧。"

"他怎么回答？"戴盈之问道。

"他说，偷鸡可不好改，毕竟是多年的老毛病了！这样，我可以把每天偷一只鸡，改成每个月偷一只，到了明年再彻底不偷。这样算不算君子呢？"

"哈哈哈！一个月偷一只，这不还是偷鸡贼吗？要改就彻底改，为什么等明年呢？"戴盈之说道。

一起读孟子

"对啊!要减税就马上办,为什么等明年呢?"孟子微笑着说。

戴盈之发现自己掉进了孟子挖的"坑",布满褶皱的脸涨得通红,羞愧地走了。

经过这次交锋,孟子渐渐发现,宋康王好像不太想行仁政。但他并没有完全放弃,而是在想,这是不是因为宋王周围的环境不好呢?他和宋国大臣戴不胜之间发生了一段对话。

"您想让宋王行善道、做善事吗?"孟子说。

"当然了!"戴不胜毫不犹豫地说,这是一位宋国的贤臣。

"难啊!我跟您举个例子吧。有一个楚国人,想让自己的儿子学齐国话。您说,是找齐国人当老师呢,还是找楚国人当老师?"孟子问道。

"楚国人学齐国话,当然要请齐国的老师了。"戴不胜回答说。

"请个齐国的老师就够了吗?"孟子说道,"一齐人傅之,众楚人咻(xiū)之,虽日挞(tà)而求其齐也,不可得矣;引而置之庄岳之间数年,虽日挞而求其楚,亦不可得矣。"(《孟子·滕文公下》)

在这段话中,"傅"是教导的意思,"咻"是喊叫的意思,"挞"是鞭打的意思。找一个齐国人教他,虽然说的是齐国话,但周围一群楚国人大喊大叫,说的都是楚国话,哪怕每天用鞭子猛抽这个学生,他也学不会齐国话。如果换个环境,让他在临淄城里住上几年，每天听的是齐国话，讲的是齐国话，连说梦话都是齐国话，就是每天用鞭子猛抽，让他说楚国话，也是做不到的！

孟子的意思很明白，教育离不开环境，更何况是影响一国之君呢！想要让宋王推行王道仁政，要多为他推荐贤良啊！周围一群小人，阿谀（ē yú）奉承，吹牛拍马，怎么可能改变他？！

知识小贴士：

战国时期的方言

方言不仅今天有，在战国时期也是五花八门。许慎在《说文解字序》中说，战国时期"言语异声，文字异形"，不同国家各有各的语言文字，相互之间差距颇大。《说苑》中有这么一个故事，楚公子皙造访越国，越国派人来迎接，用越国的方言唱了一首歌："滥兮抃（biàn）草滥予昌枑（xuán）泽予昌州州䱡（kǎn）州焉乎秦胥（xū）胥缦予乎昭澶（chán）秦逾渗惿（tí）随河湖。"这一大堆话是什么意思呢？请了翻译才知道，这是越国一首优美的歌曲："今夕何夕兮搴（qiān）舟中流，今日何日兮得与王子同舟，蒙羞被好兮不訾（zǐ）诟耻，心几顽而不绝兮得知王子，山有木兮木有枝，心说君兮君不知。"楚国和越国相隔不远，两国方言已天差地别，齐楚之别就更可想而知了。

一起读孟子

（三）嚣张的读书人：宋国的考验

在宋国日久，孟子渐渐发现，宋康王不仅不行仁政，更走上了一条暴虐之路。给他进谏的大臣，也有掉脑袋的危险。阿谀奉承的小人当道，正直不屈的大臣遭殃，宋国的政治越来越糟糕。面对这样的恶劣环境，孟子十分失望，在他看来，到了考验自己的坚守的时候了。

有一天，他遇到了一个叫宋勾践的年轻人——他的名字源自越王勾践，可见他的人生理想，定是要做一番大事业。宋勾践对孟子说："孟夫子，我要像您那样，周游列国，游说国君！您有什么窍门跟我分享吗？"

孟子点了点头，说道：

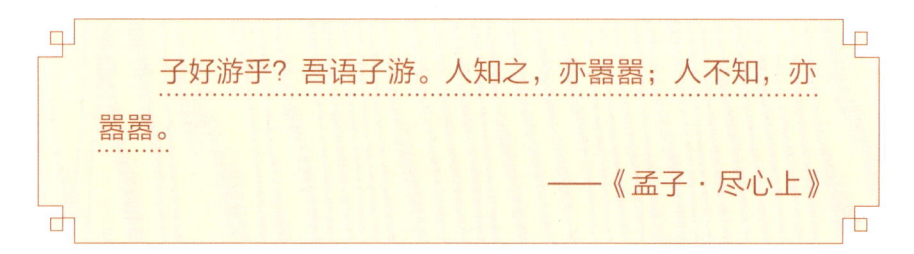

> 子好游乎？吾语子游。人知之，亦嚣嚣；人不知，亦嚣嚣。
>
> ——《孟子·尽心上》

你喜欢游说诸侯吗？那我就给你讲讲游说的道理吧。别人了解你，任用你，你要保持君子的"嚣张"；别人不了解你，不任用你，你也要保持君子的"嚣张"！

什么是"嚣张"？这是一种无所顾忌、大胆放肆的状态。你没干工作，老板问你，你说"小爷我不乐意"，这就是有点儿嚣张了。这句话有些不好懂，君子为什么要"嚣张"呢？在这里，"嚣嚣"是一种自信满满、坚定不移的气质。君子坚信大道，充满信念，一往无前，自然会有一种"嚣张"的感觉。也有人把"嚣嚣"解释成"自

得无欲"的样子,有一句话叫"无欲则刚"——无欲无求,自然无所畏惧,也就能够昂扬自信。在两种解释之间,并没有本质矛盾。

无论出仕还是归隐,都要保持昂扬自得的"嚣嚣"气象,这种境界令人神往。宋勾践忍不住问孟子,怎样可以做到"嚣嚣"呢?孟子说:

> 尊德乐义,则可以嚣嚣矣。故士穷不失义,达不离道。穷不失义,故士得己焉;达不离道,故民不失望焉。古之人,得志,泽加于民;不得志,修身见于世。穷则独善其身,达则兼善天下。
>
> ——《孟子·尽心上》

"嚣嚣"是君子身上特有的一种英雄气概。尊奉道德仁义,内

一起读孟子

心自得自信。读书人穷困时不丧失仁义,显达时不背离道德。在穷困时不丧失仁义,这样才能不忘初心,悠然自得;到了顺境之中,则要坚守大道,这样天下人才不会失望。你看那些古代的圣贤,得志之时,能够恩惠百姓;不得志时,也能通过自己的修身,成为世人的榜样。

"穷则独善其身,达则兼善天下",孟子说出了一句掷地有声、名垂千古的话。君子在逆境之中,要独善其身,坚持修养,避免同流合污;君子在顺境之中,更要振济天下,泽惠百姓,实现仁政的伟大理想。

在孟子身上,充满了一种道德的豪情。这种顶天立地的英雄气概,正是他最有魅力的地方。

知识小贴士:

先秦儒者的气节

在先秦儒者看来,士人无论是贫是富、是穷是通,都要始终坚守仁义之道,肩负天下大任。孔子说:"君子谋道不谋食。""君子忧道不忧贫。"(《论语·卫灵公》)《孟子·尽心上》:"王子垫问曰:'士何事?'孟子曰:'尚志。'曰:'何谓尚志?'曰:'仁义而已矣。'"士人无论何时都要志于仁义,如果时世不济不能施展抱负,就要"守先王之道,以待后之学者"(《孟子·滕文公下》),将仁义之道像黑夜里的灯火一样传给后来人。这种高举的道义感,正是孟子"嚣嚣"的底气所在。

（四）人皆可以为尧舜：孟子在邹鲁

孟子在宋国待了几年，眼看宋王不断堕落，失望之下，他离开了宋国，回到了故乡邹国。

邹国和鲁国很近，孟子有时也住在鲁国。这一年，孟子五十岁，到了"五十而知天命"之年。虽然事业上没有显著成就，但心中始终自信满满，充满着坚定的信念。

曾经有一个叫曹交的人向他请教："人皆可以为尧舜，有诸？"（《孟子·告子下》）人人都能成为尧舜，真的假的？

孟子毫不犹豫地说："当然是真的！"

曹交有些疑惑："像我这样的普通人，如何达到尧舜的境界呢？"

"你先要明白，什么是尧舜之道。"孟子答道，"尧舜之道，孝弟而已矣。"（《孟子·告子下》）尧舜之道并不难，从孝顺父母、尊敬兄长做起。你的言行举止，点点滴滴，都向尧舜靠拢，那你就是尧舜。一个人的境界与高度，体现在他具体的生活方式之中。千里之行，始于足下；尧舜之道，始于孝悌。《论语》中说："君子务本，本立而道生。孝弟也者，其为仁之本与！"（《论语·学而》）君子修身，先要把握根本，做人的基础牢固了，大道也就会自然产生。孝顺父母，尊敬兄长，这就是仁爱之道的基础吧！孝悌之道是仁道的根本，也是尧舜之道的起点，孔子和孟子的思想是紧密呼应的。

曹交听了，点了点头，但眼神中还有些许怀疑。孟子看了，坚定地说道：

一起读孟子

> 夫道，若大路然，岂难知哉？人病不求耳。
> ——《孟子·告子下》

尧舜之道，就像我们脚下的大路一样，非常简单，哪有什么难懂的地方？就怕一个人不去寻求大道、践行大道！在中国历史上，"人皆可以为尧舜"鼓舞了千千万万的读书人。圣贤之境，离我们并不遥远，就像脚下的大路一样，迈开脚步，走便是了！

孟子的坚定信心，让他在高高在上的君主面前，也能分庭抗礼，毫不客气。孟子批评讽刺过很多君主，他"顶"的第一个人，便是邹国的君主邹穆公。

邹国和鲁国发生了边境纠纷，弱小的邹国打不过鲁国，自己的官员死了三十多人。邹穆公很不高兴，向孟子发牢骚。有意思的是，他不埋怨鲁国人，而是"吐槽"邹国的老百姓："吾有司死者三十三人，而民莫之死也。诛之，则不可胜诛；不诛，则疾视其长上之死而不救，如之何则可也？"（《孟子·梁惠王下》）"有司"是官员的意思；"诛"是杀掉的意思。邹穆公怒气冲天地说："这次冲突，邹国官员战死了三十三个，但老百姓没有一个为国牺牲的，全都跑了。真是气死我了！真想把他们都杀了，但又杀不过来；饶了他们呢，又恨他们坐看长官被杀，不去援手，怎么办才好呢？"

这个逻辑太神奇了！邹国的官员战死了，不想着报仇雪恨，不

反思自己为什么无能,反而去怪罪无辜的老百姓。孟子听了,直皱眉头:"您不要怪罪百姓!邹国百姓的日子很苦,碰到灾荒之年,年老的饿死,年轻的逃亡,都有快一千人了。您呢,谷仓里堆满粮食,库房里全都是财宝,官员们谁也不替老百姓说话。这种傲慢而残暴的官员,老百姓为什么帮他们战斗?都死了才好呢!"

邹穆公听了,觉得孟子所说不无道理,尽管如此,老百姓也不能看着官吏倒霉,自己坐视不理啊!他正要说话,孟子滔滔不绝地开口了:"曾子说过'戒之戒之!出乎尔者,反乎尔者也。'(《孟子·梁惠王下》)小心啊!小心啊!你如何对待别人,别人就会如何对待你!这次的事情,不是百姓无情,而是他们找到了报复的机

一起读孟子

会！您不要埋怨百姓，如果您推行仁政，爱民如子，老百姓一定会爱护上级，情愿为他们战斗牺牲的！"

邹穆公若有所思地点了点头。孟子批评国君，完全是站在老百姓的角度上，这种"人民本位"的态度，是孟子的基本立场。在《孟子》中，还有很多类似的对话，都是孟子为了百姓的利益，无情地批评、讽刺国君贵族。孟子曾说一个人要有"赤子之心"，他的赤子之心，正体现在对苦难百姓的深情之中。

知识小贴士：

另一种"出尔反尔"——秦穆公与盗马贼

《史记·秦世家》记载，秦穆公出游岐山，丢失了数匹宝马，一调查，发现宝马竟然被山下饥饿的野人杀掉分食了。随行官员想要法办他们，被秦穆公阻止了。秦穆公说："他们也是饿得没有办法，我又怎么能因为几头牲口再去害人呢！我听说，吃马肉不喝酒会伤身体，再赐给他们几壶酒吧！"于是释放了这些野人，并赐予酒食。后来秦穆公与晋惠公在韩原大战，眼看晋军就要抓住秦穆公了，这时，一队人马突然从斜刺里杀出，冲散晋军，帮助秦军反败为胜，俘虏了晋军统帅晋惠公。原来这就是当初在岐山下盗马的野人。秦穆公的宽仁，使他赢得了韩原之战的胜利，比起邹穆公，何尝不是另一种"出尔反尔"啊！

（五）"改邪归正"的滕文公：孟子赴滕国

邹国不仅弱小，还动不动对老百姓起杀心。虽然是父母之邦，但显然无法实现仁政王道的理想。于是，孟子拜别了父母的坟墓，离开了邹国，前往滕国，去辅佐滕文公。

滕国是哪个国家？滕文公又是谁？为什么我们好像并没听说过？没错，滕国是一个很小的国家，它是鲁国的附庸，在战国时期完全没有名气。抱负远大的孟子，为什么要来到这样一个小国呢？这还要从孟子在宋国的时候说起。

孟子在宋国时，滕国的国君是滕定公，他的儿子滕文公还是太子。滕国弱小，要朝拜强国，获得援助和庇（bì）佑。年轻的滕太子去朝见楚国，路过宋国，见到了孟子。"孟子道性善，言必称尧舜。"（《孟子·滕文公上》）孟子高谈阔论，意气洋洋，讲的是人性本善的道理，一开口必定是尧舜的圣王之道——性善和王道是孟子思想的核心主题。这种"嚣嚣"的气象，给年轻的滕文公留下了难以磨灭的印象。他从楚国出使归来，专程到宋国求见孟子。

"孟子先生，您说的尧舜王道，真的能实现吗？我们滕国可是一个很小很小的国家啊……"

孟子笑了："太子是在怀疑我说的话吗？大道只有一个，那就是王道啊！关键看你有没有志气，去追求终极的道理。我给你举几个例子吧。"

> 颜渊曰："舜何人也？予何人也？有为者亦若是。"公明仪曰："文王我师也。周公岂欺我哉？"今滕，绝长补

一起读孟子

> 短，将五十里也，犹可以为善国。
> ——《孟子·滕文公上》

"颜回曾说：'大舜是什么样的人，我颜回便是什么样的人。有志向的人，就要像大舜一样！'曾子的弟子公明仪曾说：'文王是我的老师。周公难道会欺骗我吗？就要向他们学习！'您看，这种追求高远的志向，才是大丈夫的风范。滕国虽然很小，但截长补短，还有将近方圆五十里的土地，还可以治理成一个好国家！"

孟子的坚定深深地感染了滕太子，让他看到了希望的光芒。他依依不舍地离开宋国，回到滕国。几年之后，滕定公去世了，太子

即位，这便是滕文公。积贫积弱的滕国应当何去何从，滕文公有些迷茫了。这个时候，他想到了孟子，于是对自己的大臣然友说："昔者孟子尝与我言于宋，于心终不忘。今也不幸至于大故，吾欲使子问于孟子，然后行事。"（《孟子·滕文公上》）孟子在宋国的时候，曾经给我讲过一番道理，我铭记在心，始终不忘。如今先君逝世，国家遭遇不幸，您帮我去邹国请教孟子，看看应该怎么办。

然友接受了任务，来到邹国，向孟子转述了滕文公的话。孟子听了："国君的丧事，确实是一国的大事！按照古礼，要行三年之丧。"

三年之丧是理想中的古礼，用二十七个月的时间服丧哀悼，充分表达对父母先人的思念之情，体现出浓浓的孝心。因为要历经三年，故而称三年之丧。问题在于，三年的时间过长，容易耽误政事，列国诸侯早就放弃了这一古礼。孟子的意见传回去，滕国的贵族、百官都不乐意："我们的宗主国鲁国，没有行过三年之丧；滕国的历代先君，也没有行过三年之丧。到您这儿要恢复古礼，恐怕不可行！"

滕文公没想到反对意见这么多，慌了神儿。他对然友说："您是知道我的，我小时候是个花花公子，不爱读书治学，喜欢跑马舞剑。现在我想改邪归正，做个贤君，没想到这么难。要不，您再帮我请教一下孟子……"

一起读孟子

然友又赶到邹国,向孟子转述了滕文公的为难。孟子斩钉截铁地说:"这种事求不得别人,完全取决于太子的决心!孔子说过一句话:'君子之德风,小人之德草。草上之风,必偃(yǎn)。'(《论语·颜渊》)君子的德行,就像风一样;老百姓的德行,就像草一样——风往哪边吹,草就往哪边倒。"言下之意,你滕文公不要犹豫,下定决心,实行三年之丧!你要影响滕国的大臣、百姓,不能被他们影响了。

滕文公很听话,二话不说,三年之丧!孟子也很欣慰,终于遇到了一个听话的学生!滕国小就小吧,只要肯改变,永远有希望。于是,他离开了邹国,前往滕国。

知识小贴士:

哪些人需要服三年之丧?

我国传统的丧服分为五等,分别是斩衰(cuī)、齐(zī)衰、大功、小功、缌(sī)麻。五等丧服也称五服,分别适用与死者远近亲疏不等的各类亲属。其中,穿用斩衰和齐衰的部分情况需要服丧三年。据《礼记·丧服四制》,斩衰包括子女为父亲、妻子为丈夫、父亲为嫡长子等三种;在齐衰中,子女为母亲同样也要服丧三年。《论语·阳货》中,孔子说明了子女为父母服丧三年的原因:"子生三年,然后免于父母之怀。夫三年之丧,天下之通丧也。"三年之丧,源自对父母养育之恩的深切感怀。

（六）仁政的尝试：孟子在滕国

在孟子五十一岁那年，他来到了滕国。滕文公见到了自己的偶像，兴奋极了，拉着孟子的手，热泪盈眶，仿佛看到了滕国走向王道、发愤图强的希望。他急切地问道："夫子，请问如何治理国家？"

孟子坚定地说道："民事不可缓也。"（《孟子·滕文公上》）老百姓的事情，确实不能耽搁。怎么治理国家呢？孟子有自己的一整套理念：

> 民之为道也，有恒产者有恒心，无恒产者无恒心。苟无恒心，放辟邪侈，无不为已。及陷乎罪，然后从而刑之，是罔（wǎng）民也。焉有仁人在位，罔民而可为也？是故贤君必恭俭礼下，取于民有制。
>
> ——《孟子·滕文公上》

老百姓有一个特点，他们有了"恒产（固定的产业）"，也就能够养成"恒心（道德的原则）"。百姓流离失所，吃不饱饭，怎么可能要求他们遵守道德呢？一旦人民丧失"恒心"，就会胡作非为，违法乱纪，什么糟糕的事情都做得出来。等到百姓犯了罪，再来严厉地责罚他们，这不是挖个坑让老百姓跳下去吗？真正的仁人在位，是不会给老百姓挖坑的。因此，国君一定要恭敬、节俭、礼遇臣下，取财于民时必须有所节制——少收税，多利民！

孟子的治国之道，一言以蔽之：仁政爱民！究其一生，他一直在为百姓奔走呼喊，帮他们争取生存的底线，争取一份富足的生活。

那么，如何落实孟子心中的仁政呢？百姓的"恒产"应当如何建立呢？孟子向滕文公建议，要恢复古老的井田制度。

什么是井田？就是把土地平均分成九份，中间一份叫"公田"，大家一起耕种，收获的粮食归国家；旁边八份叫"私田"，各家自己耕种，收获的粮食归自己。这种田地的分配格局，就像汉字中的"井"字一样，因此叫"井田"。老百姓耕种井田，既保证了每年的收成，更能"出入相友，守望相助"，大家关系亲密，互相帮助，民风自然会变得淳厚。

老百姓有田耕，有饭吃，更要接受教育。孟子告诉滕文公，夏代的学校叫作"校"，殷商的学校叫作"序"，周代的学校叫作"庠（ xiáng ）"，与此同时，夏、商、周三代都把学校叫作"学"。要建立庠序学校，教育百姓，不仅让他们掌握文化知识，更要懂得人伦道德。在他看来，百姓能够"明人伦"，社会就能够和谐有序，这是王道的基础。他饱含期望地对滕文公说："子力行之，亦以新子之国。"（《孟子·滕文公上》）

仁政的道理很简单，你努力去做吧！我们一同努力，让滕国面目一新！

知识小贴士：

井田制的兴衰

井田制出现于商代，兴盛于西周，是早期农业土地公有制的基本形式。《诗经·小雅·大田》："雨我公田，遂及我私。"正反映出井田制下公田私田杂错的格局。到了东周时期，随着私有土地的增加，井田制在各诸侯国渐趋破坏。春秋时期的鲁国实行"初税亩"制，不取公田，而是依据所有田地的亩数进行征税，宣告了井田制的开始瓦解；战国时期魏国李悝（kuī）、秦国商鞅相继变法，彻底废除了井田制。在孟子看来，井田制是尧舜周孔之道的标志，代表了守望相助的公平友爱，他甚至对滕文公的大臣说："夫仁政，必自经界始。"（《孟子·滕文公上》）经界就是划井田。至于孟子的观点究竟是对古道的坚守，还是不懂变通的腐朽，只好留给后人去评说了。

（七）与农家的交锋：孟子辩才惊世

在孟子的前半生里，滕文公可以说是最"听话"的学生了。他听了孟子的建议，在滕国展开了轰轰烈烈的"仁政"运动——划分井田，开办学校，让老百姓有地可耕，有学可上。遗憾的是，滕国实在太小，方圆五十里，划不了几块井田，国家就没地方了，可以

一起读孟子

说是"显微镜中的王道"。尽管如此，滕文公的名声已经传出去了，在尔虞我诈的战国，有这样一面仁政的旗帜，甚是难得！不少士人都来投奔滕国，把它当成乱世中的"乐土"。

有一天，楚国来了一群人，为首的叫许行。他们是农家学派的学者，以神农为偶像，主张耕种为先，提倡简朴生活，认为国家与政府都是对人民的压迫。他们有一种苦行者的风范，穿着简陋的麻衣，除了耕种之外，还以打草鞋、织席子为生。过了一阵，宋国也来了一对兄弟，他们是儒者陈良的弟子——陈相和陈辛。

陈相本为儒家，见到许行之后，被农家艰苦朴素的生活态度打动了——儒家的道理虽好，但许行先生更让人感动。他每天在田间挥汗如雨，这才是实实在在的有德之士呢！我不当儒家了，改学农家！

陈相被许行"洗脑"了，不仅如此，他还要来"招惹"孟子："孟子先生，滕文公确实很不错，但还远远不够。他还没有听闻真正的大道呢！"

"哦。"孟子看了他一眼，有些不快。滕文公没有听闻大道，那我给他讲的都是什么？但他没有急着反驳，而是让陈相继续说下去。

"真正贤良的君主，要和老百姓一起种地，一起吃饭。如今滕国有国库，有粮仓，这都是收税而来的吧！这就是压迫百姓，奉养自己，怎么能叫贤君呢？"

好家伙！一个国家不能有粮仓和国库，这除非是回到原始部落，才能做到。孟子一听就明白了，这是许行的农家思想啊！陈相由儒家改换门庭，他"叛变"了！

尽管心中不快，孟子还是淡淡地问道："听说许行先生一定要自己种粮食，才肯吃饭，这是真的吗？"

嗯？孟子这个问题什么意思？他是觉得许行先生在说大话吗？陈相知道孟子擅长辩论，回答的时候，带着十二分小心："当然是真的！我亲眼看到的！"

"哦，那许行先生一定要自己织布，然后才穿衣服吗？"孟子接着提问。

这个问题是不是也有陷阱？陈相依旧很紧张："不！许行先生不穿布衣裳，他只穿粗糙的麻衣！"别给我挖坑，许行先生很简朴，从来不穿布衣裳。

"嗯，那许行先生戴冠吗？"孟子又问。

"当然！"在孟子的时代，戴冠是文明人的标志，许行先生虽然简朴，但也是读书人啊！不要觉得他是乡间野人。

"戴什么样的帽子呢？"

"白色的帽子。"

"他的帽子是自己织的吗？"

"不是，是用粮食换来的。"

"哦，许行先生为什么不亲自织呢？"

"他天天忙着干农活，没有那么多的时间啊！"

"许行先生用铁锅、瓦罐做饭吗？用铁做的锄头耕种吗？"

"当然！"

"这个也是他亲手做的吗？"

一起读孟子

"不是的,也是用粮食换的。"

孟子拉拉杂杂问了这么多,陈相有些不高兴了。你孟子究竟想问什么?是在跟我拉家常吗?我跟你讨论的,是儒家和农家谁更合乎大道的问题!你呢,问来问去,怎么那么关心许行先生的日常生活呢?是要当"狗仔队"吗?

陈相的语气有些不耐烦了,孟子却依旧不急,慢悠悠地问:"许行先生用粮食换炊具、换农具,瓦匠和铁匠也用自己的产品换粮食,公平交易,谁也不算欺负谁,对吧?"

"没错!您到底要问什么啊?"

"哈哈,我要问你的是,许行先生为什么要和人家交换呢?他为何不自己亲手做呢?换来换去,多麻烦!"

嗨!孟子真是迂腐,一个人怎么能做那么多东西,社会上各行各业,分工干活,交换产品,这不是很自然的道理吗?这都不懂!陈相越发着急,说出了一句关键的话:"百工之事,固不可耕且为也。"(《孟子·滕文公上》)各种工匠的活儿,本来就不能一边种地一边做。在这里,"固"是本来如此的意思,指的是人人皆知的规律与道理。

要的就是你这句话!孟子听了,眼睛亮起来,充满睿智地看着陈相,反问了一句:"然则治天下独可耕且为与?"(《孟子·滕文公上》)工匠和农夫需要分工,不能一边种地一边做工。那么,治理国家天下这样的大事,难道可以一边种地一边做吗?许行认为国君应当又种地,又治国,为什么在这样的大事上,偏偏不讲分工了呢?这是什么道理呢?

此言一出,陈相哑口无言!原来,孟子之前絮絮叨叨的提问,都是让陈相放松警惕,同时悄悄给他挖了一个大"坑"。等到陈相自

己强调，分工是社会发展的自然规律，孟子再以子之矛，攻子之盾，反问一句："为什么治理国家天下，反而不讲分工了呢？"话说到这个地步，陈相只能低头不语。你看，孟子真是一代辩论高手，面对咄咄逼人、谨慎应对的陈相，他没急着反驳，而是采取了诱敌深入的办法，待陈相上钩之后，再绝地反击，"杀"他个措手不及！

陈相看着孟子，又羞又气，我怎么上了你的当了？！不过你说的，还真有些道理……他的嘴里就像塞了一个大鸭蛋似的，一句话都说不出。

你没话了？正好，我可有的是话说！于是，孟子展开了他的滔

一起读孟子

滔雄辩:"我给你讲讲尧舜之道吧!在尧的时代,洪水滔天,五谷都被冲坏了。人类躲在高地上苟延残喘,四处都是禽兽的脚印,满目荒凉。尧忧心忡忡,选拔了舜来治理国家。舜推荐伯益负责放火,在山野沼泽上点燃熊熊大火,赶走了凶猛的野兽。他又推荐大禹来治理洪水,大禹疏通九河,引导众水流入长江,中原的百姓才能吃得上饭!大禹治水的时候,整整八年奔波在外,三过家门而不入。这些圣人的事迹,你都知道吧?"

孟子还真是"言必称尧舜",这些事迹陈相都听说过,点了点头。

"我问你,尧、舜、禹这些圣王,如此辛苦忙碌,就算想一边治国一边种地,他们有时间吗?可能吗?"孟子反问道。

"还真不太可能……"陈相喃喃地说。

"我接着给你讲啊,尧选拔了周人的祖先后稷,教给人们耕种谷物,老百姓由此得到了养育。人们吃饱穿暖、住得安逸,但缺乏教育，那就和禽兽没有太大区别。尧又为此而深感忧虑，于是选拔了契做司徒，负责教育百姓——<u>父子有亲，君臣有义，夫妇有别，长幼有序，朋友有信</u>（《孟子·滕文公上》）——<u>父子之间有骨肉之亲，君臣之间有礼义之道，夫妻之间有内外之别，老少之间有尊卑不同，朋友之间有诚信之德</u>，这是最基本的人伦，称为'五伦'。尧督促百姓、引导百姓、帮助百姓，不仅生活富足，更要走向文明！他为民众这样操劳辛苦，还有空去种田吗？"

"没有……"陈相的声音越来越小了。尽管如此，他的眼神中还充满了怀疑。

孟子感受到他的执拗，长叹一声："你的老师陈良，虽然是土生土长的楚国人，却唯独喜欢周公与孔子的大道，不远千里，北上中国，来学习圣人之道。北方的学者，没有比他更优秀的，真是所谓的豪杰之士啊！你们兄弟跟他学习了数十年，陈良一死，竟然背离了他的大道。唉，不像话啊！让我说你什么呢……"

孟子从四十岁到五十三岁，十多年间，一直在游说诸侯。从齐国到宋国，从宋国到邹鲁，再到弱小的滕国，孟子孜孜不倦，始终在积极努力。在这期间，他的思想基本上成型了——孟子主张人性本善，强调仁政王道，把尧舜的先王之道作为治国理想。这一理想，源自他对战国乱世中的苦难百姓的恻隐之心。孟子擅长辩论，在与邹穆公、陈相的辩论中，展现出犀利的词锋。这种强大的语言"杀伤力"，也是百家争鸣中思想交锋的产物。

尽管孟子旗帜鲜明，又有绝佳的口才作为武器，但十多年中，他并未产生太大的思想影响。一是他初出江湖，人微言轻；二是邹国、鲁国、滕国过于弱小，完全发挥不了他的理想。孟子真正具有"国际影响"，则是在魏国和齐国，这也是我们接下来要讲的故事。

一起读孟子

知识小贴士：

以农为本——农家

农家是春秋战国诸子百家之一，《汉书·艺文志》将其列入"九流十家"，称："农家者流，盖出于农稷之官。播百谷，劝耕桑，以足衣食。"除《孟子·许行》外，农家的思想还散见于《管子》《吕氏春秋》等书中。他们认为，农业是一切社会事务的根本，统治者应当依据自然运行的规律发展农业，轻徭薄赋，减轻农民的负担；劝民务农，保证民风的淳朴；重农抑商，抑制商品流动的发展。农家的理想是实现人人自耕自足的农业社会，但是忽略了社会分工对于社会进步的推动作用，因而遭受了孟子的猛烈批评。

三、道义为先：孟子与梁惠王

滕文公虽然"听话"，但滕国实在太小，方圆五十里的土地，还没有今天城市里的一个区大。孟子虽然鼓励滕文公，但他心里清楚，以滕国的实力，无论如何不能完全实现仁政理想。为了泽惠天下苍生，将仁政推行开去，他选择了更为强大的国家。这个国家就是魏国。

魏国的首都在大梁，因此《孟子》中以"梁"称之。魏国是战国七雄之一，在战国前期威风赫赫，到了魏惠王（也就是梁惠王）的时代，开始走下坡路。为了重振声威，梁惠王"卑礼厚币以招贤者"，面向天下，招揽人才。孟子借此来到魏国，与梁惠王之间展开了一系列精彩对话。

（一）梁惠王的深仇大恨

孟子到魏国时，是在他五十三岁那年，此时梁惠王已经即位很多年了。这位老国君之所以无比迫切地招揽人才，是因为他心中有深仇大恨，想要报仇雪耻！梁惠王的仇人是谁呢？是齐国、秦国和

一起读孟子

楚国！他曾经咬牙切齿地对孟子说过一段话：

> 晋国，天下莫强焉，叟之所知也。及寡人之身，东败于齐，长子死焉；西丧地于秦七百里；南辱于楚。寡人耻之，愿比死者一洒之……
>
> ——《孟子·梁惠王上》

"晋国"在这里指的是魏国。战国初期，三家分晋，赵国、魏国和韩国把春秋时最强大的晋国一分为三，由于晋国太强大了，这三个国家都想以"晋"自称，因此也称为"三晋"。在赵、魏、韩三国之中，一开始以魏国最强，魏文侯、魏武侯都是一代明君。因此，梁惠王骄傲地说："魏国是天下最强大的国家，没有谁比我们更厉害，您也是知道的！"但好景不长，到了梁惠王的时代，国势急转而下，就像坐滑梯一样，出现了"断崖式"的下跌——"到了寡人这里，东面败给齐国，寡人的太子战死在沙场上；西面被秦国抢走了七百里的土地；南面还被楚国打败。简直是奇耻大辱！寡人一定要替战死的将士们报仇！"想到这些年的挫败，梁惠王气得吹胡子瞪眼，牙齿都要咬碎了！

强大的魏国为何沦落至此？梁惠王为何如此不济？一开始，只是因为他错过了两个人。这两个人是谁呢？他们就是战国时期大名鼎鼎的人物——商鞅和孙膑。

先说商鞅。他是战国时期法家的巨擘（bò），原名叫公孙鞅，年轻时喜欢法律之学，曾做过魏相公叔座的中庶子，也就是类似侍从的小官。公叔座眼光如炬，深知商鞅的大才，想把他推荐给梁惠王。可他还没来得及说，突然得了重病。梁惠王前往探病，看着公

叔座虚弱的样子，忍不住问："万一您的病治不好，魏国的社稷怎么办呢？能给寡人推荐个接班人吗？"

公叔座已经奄奄一息，听到这句话，眼睛忽然亮了起来，颤巍巍地说："您看那个年轻人商鞅，虽然岁数不大，但有盖世奇才，一定要重用他！"

梁惠王听了，没有接话。公叔座一看就明白，梁惠王这是没瞧上啊！不用他没关系，但不能让他为别国所用。于是挥了挥手，让身边的人都退下去，独自一人对梁惠王说："大王不想用他，也可以，但一定要杀了他！不能让他投奔别的国家。"

"好，寡人听您的！寡人先走，改日再来看您。"梁惠王答应了。

梁惠王一走，公叔座就喊来了商鞅，对他说道："今日大王问我，谁可以继承相位，我推荐了先生。看大王的表情，恐怕不会用你。我的做人之道，先考虑国家，再考虑私交。为魏国考虑，我建议大王杀了你——你能耐太大，要是为别国所用，必是魏国的大患；为朋友考虑，你赶紧逃亡吧，再晚就来不及了。"

说了这些话，公叔座已是气喘不已，焦急地看着商鞅。没想到，商鞅一点儿也不着急，慢悠悠地说："大王没听您的，不任用

我，那就是没把我当回事。既然如此，他也不会杀我的——何必为了一个废物，背上滥杀无辜的名声呢？"

商鞅猜得没错，梁惠王刚从公叔痤家里出来，就对身边的人感慨道："公叔痤真是病得不轻，怎么能让我任用商鞅为相呢！我没接话，他又让我杀他。前后矛盾，真是糊涂啊……"过了几个月，公叔痤去世了，商鞅也离开了魏国，投奔了秦国。他深受秦孝公信任，展开了轰轰烈烈的"商鞅变法"，法令严明，富国强兵，让秦国成为战国七雄中最强大的国家，为秦始皇统一天下奠定了基础。

再说孙膑。他是《孙子兵法》作者孙武的后代，曾与庞涓一同学习兵法。庞涓做了梁惠王的大将，深受重用，但他知道自己的水平远远不及孙膑，如果孙膑被别国所用，他一定打不过孙膑。怎么办呢？把孙膑也推荐给梁惠王，一同辅佐魏国？遗憾的是，庞涓是个心胸狭窄的人，最看不得别人比自己强！推荐孙膑，我岂不是要屈居其下？

想来想去，庞涓想出了一个狠毒的办法。他派人把孙膑请到魏国，要与孙膑一起做魏国的将军。结果孙膑到后，他便找个借口判了孙膑的罪，砍断孙膑的双脚，还在孙膑脸上刺字。庞涓真是无情，这是想完全废掉孙膑！后来，齐国使者来到魏国，孙膑悄悄求见，一番谈话，齐使惊为天人——这位孙膑先生胸怀韬略，不亚于十万雄兵！于是悄悄地把他带到齐国，做了齐国军师。

商鞅和孙膑不仅被梁惠王当面错过，甚至还被魏国深深伤害。一个是法家，一个是兵家，这两位旷世奇才成为了魏国最恐怖的敌人。齐国与魏国发动战争，用著名的"围魏救赵"之策，两次大败魏国，杀死了庞涓和魏国太子。商鞅趁着魏国虚弱，领兵攻打，用诡计大败魏军，夺取了作为战略要冲的河西之地。与此同时，楚国也来趁火打劫，抢夺魏国的土地。这就是梁惠王说的，"东败于齐，长子死焉；西丧地于秦七百里；南辱于楚"。

这是梁惠王一生中最大的耻辱，也是没齿难忘的杀子之仇！他彻夜难眠，一心想着重振魏国，报仇雪恨，哪怕岁数大了，战斗的意志也没有丝毫停息。错过了这两个人，他也幡然悔悟，想要强国，一定要有人才！于是，梁惠王面向天下，广招贤者，想要找到能够为自己复仇雪耻的人！

孟子就是在这样的背景下，见到了梁惠王。两个人初次见面，发生了怎样的对话呢？

知识小贴士：

励精图治的魏文侯

梁惠王的祖父魏文侯，是战国时期一位雄才大略的君主。魏文侯在位期间，经济上任命李悝开展变法，"尽地利之教"，扩大了魏国的农业生产规模，大大增加了国家财富；军事上重用著名军事家吴起，实行"武卒制"，选拔出了一支极为精壮的军队，向西拿下秦国的河西之地，向东威慑齐楚诸国；文化上，拜孔子的高足子夏为师，延请段干木、田子方等著名儒者讲学，使魏国成为战国初期的文教中心。魏文侯留给梁惠王的，是一个如此强大的魏国，但梁惠王晚年却几乎把家底输了个精光，难怪梁惠王会抱着"愿比死者一洒之"的深仇大恨了。

一起读孟子

（二）义利之辨

孟子见梁惠王，这是《孟子》中的第一篇，也是脍炙人口的名篇。我们先来看原文：

> 孟子见梁惠王。王曰："叟，不远千里而来，亦将有以利吾国乎？"
>
> 孟子对曰："王何必曰利？亦有仁义而已矣。王曰：'何以利吾国？'大夫曰：'何以利吾家？'士庶人曰：'何以利吾身？'上下交征利而国危矣。万乘之国，弑（shì）其君者，必千乘之家；千乘之国，弑其君者，必百乘之家。万取千焉，千取百焉，不为不多矣。苟为后义而先利，不夺不餍（yàn）。未有仁而遗其亲者也，未有义而后其君者也。王亦曰仁义而已矣，何必曰利？"
>
> ——《孟子·梁惠王上》

孟子见到了梁惠王，只见他满头白发，神情倔强，眼神中流露出热切的光芒。他对孟子很恭敬地说道："老先生，您不远千里，来到魏国，能给我们带来什么好处吗？"

孟子听了很不以为然，堂堂一国之君，怎么能张口就谈利益呢？为什么不向我请教仁义之道呢？孟子一点儿也没客气，直接"顶"了回去："大王，何必开口就谈利益？要先讲仁义啊！"

梁惠王愣了，堂堂大魏，被人欺负到这个地步了，寡人要富国强兵，报仇雪恨，当然是什么有利就做什么，谈什么仁爱呢？孟子

先生啊，太迂腐了！

孟子看出梁惠王的意思了，解释说："追求利益的，可不止大王您一人。大王说：'怎样才能有利于我的国家？'大夫们跟着效法，会说：'怎样才能有利于我的封地？'老百姓也会跟着说：'怎样有利于我自己？'想想看，如果上上下下都在追逐私利，一个国家该多么危险！"

嗯，设想一下，是有点儿可怕！梁惠王面色一变。

"再说得严重一些吧！"孟子严肃地说，"万乘之国，有一万辆战车，够强大吧！但杀君篡（cuàn）位的，一定是拥有千乘战车的大夫。千乘之国，杀君篡位的，一定是拥有百乘战车的大夫。这些大夫拥有国家十分之一的实力，产业不可谓不多。但为什么还要冒险篡位，无情地杀害国君？就是因为把利益放在仁义前面，被欲望腐蚀了心灵，没有任何道德底线啊！"

一起读孟子

此言一出，梁惠王陷入了深思。孟子说的这种情况，为啥听起来这么耳熟呢？要知道，魏国是"三家分晋"的产物！在春秋时期，晋国是最强大的国家，但就是因为大夫们谋求私利，虎视眈眈，最终由赵、魏、韩三家瓜分了晋国。好家伙，孟子这是在"揭老底"啊——所谓"杀君篡位的千乘之家"，说的就是你们魏国！

历史的教训就在眼前，一心一意追求利益，最后只能导致谋权篡位，国家倾覆。仁义之道则完全相反，"一个心中充满仁爱的人，不会遗弃自己的父母亲人；一个心中坚守道义的人，不会背叛自己的君主。大王啊，讲仁义是第一位的！为什么总要谈利益呢？"

梁惠王初见孟子，上来就在讲"利"，孟子纠正了他的思路，强调"仁义"是第一位的。到底是利益更重要呢，还是仁义更重要呢？这就是中国思想史上影响深远的"义利之辨"。对此，我们可以从三个方面加以理解：

首先，"义利之辨"涉及一个人思考问题的出发点，也就是把什么作为"本"的问题。"君子务本，本立而道生"（《论语·学而》），一个人思想的起点端正，就会走向正确的方向；如果在起点上出了偏颇，也就会导致一系列问题。以治理国家为例，如果君臣上下都要追求利益，会不会为了追求利益而放弃道德底线呢？会不会因为追求利益而导致尔虞我诈、奸诈欺瞒呢？在学校里也是一样，如果盲目地把分数放在第一位，而不是把学生的成长放在第一位，会不会因为追求分数而导致恶性竞争呢？会不会因为过于"内卷"，长期熬夜，影响健康，甚至是导致心理疾病呢？因此，孟子格外注重起点的问题，道义，是为人处世的根本。

其次，从整体上看，"义"和"利"之间不是矛盾的。孟子劝谏梁惠王的基本逻辑是，如果一开始就从利益出发，恰恰会走到"利"的反面——君臣上下都贪求利益、没有底线地追求利益，便会导致国家的危亡，这不是"利"，而是"害"！与此相反，如果一开始就从仁义出发，则会家族和睦，社会和谐，最终实现重振魏国的愿望。因此，孟子不是反对"利"，而是不赞同梁惠王把"利"放到第一位。在他看来，理想的义利关系是"义在利先"的，以道义把握求利之心，实现利益追求。

最后，如果"义"和"利"之间发生了激烈冲突，则要坚定不移地坚守道义，甚至可以为之付出生命代价，这是儒家的英雄气概所在。孟子打过一个生动的比方：

> 鱼，我所欲也；熊掌，亦我所欲也。二者不可得兼，舍鱼而取熊掌者也。生，亦我所欲也；义，亦我所欲也。二者不可得兼，舍生而取义者也。
>
> ——《孟子·告子上》

红烧鱼，我喜欢吃；蒸熊掌，我也喜欢吃。如果二者发生矛盾，只能选一个，我就不吃鱼了，而是选择珍贵的熊掌！生命，是我要的；道义，也是我要的。如果二者发生矛盾，只能选一个，我宁可牺牲生命，也要坚持道义！这是孟子"舍生取义"的英雄气概！在中国历史上，它鼓舞了一代代的仁人志士，在中华民族的危难时刻挺身而出，用一腔热血洗涤乾坤世界，守护国家与民族的独立与尊严。

在《孟子》中，还有一段经典的文章：

一起读孟子

> 天时不如地利,地利不如人和。三里之城,七里之郭,环而攻之而不胜。夫环而攻之,必有得天时者矣。然而不胜者,是天时不如地利也。城非不高也,池非不深也,兵革非不坚利也,米粟非不多也,委而去之,是地利不如人和也。故曰:域民不以封疆之界,固国不以山溪之险,威天下不以兵革之利。得道者多助,失道者寡助。寡助之至,亲戚畔之;多助之至,天下顺之。
>
> ——《孟子·公孙丑下》

"天时"指的是打仗的时机,古人作战,要测算时节,来判断是否有利。"地利"指的是地理条件,有没有坚固的城池、宽广的护城河。"人和"则是指老百姓人心归附,上下和睦。天时不如地利,地利不如人和。这是为什么呢?难道天地之大,都比不上"人"的作用吗?孟子解释说,比如有一座小城,内城不过三里,外城不过七里，被敌人团团包围，却始终能够坚守。敌人能够来围攻，一定得到了"天时"，但却打不下来，这说明"天时不如地利"。再比如说，有的国家城墙不可谓不高，护城河不可谓不深，武器不可谓不坚固锋锐，粮食不可谓不多，但还是被敌人打败，丢盔卸甲，抱头鼠窜，这是因为他们不得人心，所以说"地利不如人和"。

在孟子看来，管理人民不靠设置国界，守卫国家不靠山川之险，威慑天下更不靠强大的军力、锋利的武器，关键是要得人心！得人心的关键，在于"得道者多助，失道者寡助"。符合道义，一定有很多人愿意帮助他，全天下都会追随他。不合道义，没有几个人愿意帮助他，甚至连亲戚都要背叛他。你看，这就是道义的力量，怎么能够把利益放在第一位呢？

由"义利之辨"到"舍生取义"，孟子的思想如有铮铮铁骨，塑造着中华民族的精神脊梁！

知识小贴士：

舍生取义——儒家的行为准则

孔子说："志士仁人，无求生以害仁，有杀身以成仁。"在义与生的抉择面前，许多儒者选择了舍生取义。比如子路，冒着生命危险返回卫国都城营救大夫孔悝，身受重伤，弥留之际仍铭记"君子死，冠不免"的原则，系好帽缨之后慷慨赴死；比如曾子，身染重病，奄奄一息，仍然要求弟子换掉不符合身份的席子，没等安歇好就去世了。孟子"舍生而取义"的豪言，正是继承了儒家的传统。

一起读孟子

（三）与民同乐

孟子用仁义之道劝谏梁惠王，梁惠王虽然不能全然接受，但也领教了孟子的智慧与口才。有一天，他派人邀请孟子来参观自己的"皇家花园"。进入梁惠王的园囿（yòu），一路走来，春草池塘、潺（chán）潺流水，有自在奔跑的麋（mí）鹿、空中飞翔的鸿雁，让人沉浸在自然的美景中。梁惠王背负双手，站在池塘边上，优哉地欣赏美景。他眉头舒展，面带微笑，仿佛炽热的复仇之心也放松了下来。

"大王，好雅兴啊！"孟子客气了一句。

"孟老先生，您来了！"梁惠王回身答礼，问道，"像您这样的贤德之人，也会喜欢皇家园林中的观赏之乐吗？"

梁惠王是要与孟子分享快乐，还是单纯地自我炫耀一下，我们不得而知。但孟子对皇家园林显然不感兴趣。他对梁惠王严肃地说："有德行的人，才能享受这种快乐。没有德行的人，即使拥有这一切，也快乐不起来。"

咦，同样的美景，为何只有有德之人才能享受快乐呢？梁惠王有些不解。

"给您举两个例子。在《诗经》中，记载了当年文王修建灵台之事。文王爱民如子，百姓都来帮忙。文王根本不用督促，还要提醒他们："慢一点儿干，不要太辛苦了。"百姓如此尽力，归根结底，是因为文王能够与民同乐。夏桀恰恰相反，他滥用民力，肆虐无道，老百姓恨不得与他同归于尽。这样的国君，即使有高台深池、珍禽异兽，又怎么可能做到'独乐'呢？"

孟子说完了，冷冷地看着梁惠王。国君的享乐有"同乐"和"独乐"两种，周文王与民"同乐"，故而能长治久安；夏桀专享"独乐"，因此很快灭亡。历史的教训摆在这里，梁惠王啊，别忙着看风景，先好好反思一下吧。

知识小贴士：

《大雅·灵台》——文王之乐

《灵台》是《诗经·大雅》中的一篇，记述了文王修建灵台的史事。诗的前两章是这么写的："经始灵台，经之营之。庶民攻之，不日成之。经始勿亟（jí），庶民子来。王在灵囿，麀（yōu）鹿攸伏。麀鹿濯（zhuó）濯，白鸟翯（hè）翯。王在灵沼，於牣（rèn）鱼跃。"第一章讲灵台的修建速度非常快，这是因为文王广得民心，百姓像文王的子女一样，纷纷热情地为文王劳作，所以没几天就建成了。第二章讲文王漫游灵台园囿，无论是母鹿还是白鸟都膘肥体壮，鱼儿也兴奋地跃出水面，不仅是人，动物仿佛也蒙受了文王的德化。整首诗歌描绘了文王与民同乐的场景，孟子举《灵台》来劝谏梁惠王，实在是非常贴切。

一起读孟子

（四）五十步笑百步

孟子希望梁惠王认真反思，但梁惠王恐怕很难听进去。他对自己的治国之法颇为自信，有时甚至还会觉得"委屈"。有一天，梁惠王找到孟子，向他吐槽：

> 寡人之于国也，尽心焉耳矣。河内凶，则移其民于河东，移其粟于河内；河东凶亦然。察邻国之政，无如寡人之用心者。邻国之民不加少，寡人之民不加多，何也？
>
> ——《孟子·梁惠王上》

"寡人对于国事，那真是操碎了心啊！河内遭了灾，老百姓吃不上饭，我就把那里的百姓迁到河东，再把河东的粮食运到河内；河东遭了灾，也是这么办。看看周围几个国家的君主，没有一个像寡人这样操心的！尽管如此，邻国的百姓并不减少，寡人的百姓没见增多，这是为啥啊？寡人是想不明白了……"

梁惠王一脸委屈，孟子一阵无语。好家伙，您说的操心，不就是拆东墙补西墙吗？这怎么还委屈上了！怎么让梁惠王明白，他做的远远不够呢？有办法了！梁惠王不是喜欢打仗吗，那就用战争来打个比方好了。

> 王好战，请以战喻。填然鼓之，兵刃既接，弃甲曳兵而走。或百步而后止，或五十步而后止。以五十步笑百步，则何如？
>
> ——《孟子·梁惠王上》

"大王喜欢打仗,请让我用打仗做个比喻。两军交战,战鼓砰砰砰响起,双方的刀枪一碰,一队战士丢盔弃甲,拖着兵器就逃跑——扔掉盔甲,是为了减轻分量,跑得快;拖着兵器,是为了阻隔敌人,更安全。这些战士逃跑起来,可真够专业的——有的人跑了五十步,看看没事,停下来喘气;有的人胆子小,跑了整整一百步,才敢停下来。跑了五十步的战士,嘲笑跑了一百步的:'哎呀呀,你怎么跑得那么远,真是个胆小鬼!'您觉得如何?"

孟子的这个比喻,你看着是否有些熟悉呢?这就是成语"五十步笑百步"的来源。梁惠王听了,不屑一顾地说:"这两个懦夫!都逃跑了,不过是跑近跑远的区别,还有脸笑话别人!"

"对啊!"孟子大声说道,"您知道不能'五十步笑百步'的道理,就不要觉得自己比别人强,也别指望魏国的老百姓比邻国多了!"

一起读孟子

好家伙！原来孟子在这儿等着自己呢。梁惠王有些无语，又掉到他的"坑"里去了："那您说说吧，寡人治国不行，应该怎么办？"

"没问题！"治理国家，应该这样办——

> 不违农时，谷不可胜食也；数（cù）罟（gǔ）不入洿（wū）池，鱼鳖不可胜食也；斧斤以时入山林，材木不可胜用也。谷与鱼鳖不可胜食，材木不可胜用，是使民养生丧死无憾也。养生丧死无憾，王道之始也。
>
> ——《孟子·梁惠王上》

"首先，不要违背农时，农忙的时候别去征兵，让老百姓安心耕种。这样的话，粮食就够吃了。其次，要有一定的环保意识，不用太密的网捕鱼，不一年四季无休无止地砍树。这样的话，就能一直有鱼鳖吃，有木材用。粮食和鱼鳖吃不完，木材用不尽，老百姓就有了生活的保障，可以踏踏实实地养活生者、安葬死者，这就是王道的基础啊！"

"听上去很不错，除了这些，还有什么吗？"梁惠王继续问道。

"当然还有！"孟子说——

> 五亩之宅，树之以桑，五十者可以衣帛矣；鸡豚狗彘（zhì）之畜（xù），无失其时，七十者可以食肉矣；百亩之田，勿夺其时，数口之家可以无饥矣；谨庠序之教，申之以孝悌之义，颁白者不负戴于道路矣。七十者衣帛食肉，黎民不饥不寒，然而不王者，未之有也。
>
> ——《孟子·梁惠王上》

"要让老百姓安居乐业！每家宅院占地五亩，院里种满桑树，家里的女子安心养蚕，五十岁以上的老人就能穿上柔软的丝织品；用心喂养家畜，让鸡啊、猪啊、狗啊，都长得肥肥的，七十岁以上的老人家就有肉吃了；一家人耕种百亩土地，按时播种、收割，几口人就可以吃得饱饱的了。生活无忧，还要接受教育。国家兴办学校，教给百姓孝悌之道，老百姓懂得尊老爱幼，那些白发苍

一起读孟子

苍的老人走在路上，就有人帮他们扛行李、背东西了。一句话，七十岁的老人有帛穿，有肉吃，普通的老百姓不受冻挨饿，必能行王道于天下！"

"原来您说的王道，就是这些啊！"梁惠王明白了，所谓的王道，就是要让老百姓过好日子！

"确实不难！"孟子说道，"但如今魏国贫富不均，贵族老爷养的猪狗，吃了老百姓的粮食；饥民饿死在道路上，国家也不去开仓放粮。老百姓死了，还厚着脸皮说：'真不怪我，怪年成不好！'这种说法，就像用刀杀了人，觍（tiǎn）着脸说：'真不怪我，怪这把刀不好！'是不是有点儿不知羞耻呢？大王不要埋怨年成，也别觉得委屈。您踏踏实实去行王道，天下的百姓都会来投奔你！"

孟子的话，就像刀子一样，扎在梁惠王心头。"寡人的委屈，难道是五十步笑百步吗？寡人是杀了人怪刀子吗？真是岂有此理！"尽管如此，他还是耐心听完了孟子的话——这位倔强的老先生，话虽难听，却也真有道理！

孟子为什么说话这么"冲"呢？他不怕得罪梁惠王吗？还真不怕！

孟子身上有一种堂堂正正的浩然之气，让他在王公贵族面前保持"嚚嚚"的气概。在战国时期，老百姓活得太惨了，无论杀人如麻的战争，还是大规模的徭役，都让他们无暇耕种，没有存粮。一旦遇到天灾，只有流浪迁徙、饿死田野的命运。因此，孟子的"王道"其实很简单，就是要为苦难百姓争取一个生存底线——"七十者衣帛食肉，黎民不饥不寒"，这个标准放在今天看来，实在太低了。别说七十岁的老人，七岁的孩子都能吃上肉。但就是这样一个看似简单的标准，在当时都是老百姓的奢望！

了解了人民的苦难,就会懂得孟子的"王道"思想——这是苦难中的恻隐之心,这是黑暗中的高声呐喊。为了百姓的生存,孟子当然不怕得罪梁惠王了。

知识小贴士:

荀子的"王道之始"

同为战国时代的大儒,荀子对于"王道"的设想与孟子颇为接近。在《荀子·王制》中,荀子这样描述理想的"圣王之制":"草木荣华滋硕之时,则斧斤不入山林,不夭其生,不绝其长也;鼋鼍(yuán tuó)、鱼鳖、鳅鳣(qiū zhān)孕别之时,罔罟、毒药不入泽,不夭其生,不绝其长也。春耕、夏耘、秋收、冬藏,四者不失时,故五谷不绝而百姓有余食也;污池渊沼川泽,谨其时禁,故鱼鳖优多而百姓有余用也;斩伐养长不失其时,故山林不童而百姓有余材也。"其中的许多观点,如"斧斤不入山林""罔罟、毒药不入泽""不失时"等,都与孟子高度一致。由此可见,儒家的"王道"既宏大又朴素:每一个人都能够富足、自由、快乐地生活,就是王道的起点。

一起读孟子

（五）孟子离开魏国

孟子和梁惠王多次"交锋"，逐渐把梁惠王拉上了正路，他甚至主动地向孟子说："寡人愿安承教"（《孟子·梁惠王上》）——让我认认真真地听您说的道理吧。遗憾的是，梁惠王年事已高，内心中的挫败与仇恨让他彻夜难眠，损害着他的身体。在孟子到魏国的第二年，梁惠王去世了，他的儿子梁襄王继承了君位。

梁惠王去世，孟子的教诲和进谏都落了空，他很是失望。见到梁襄王后，这种失望感更充斥了他的内心——梁襄王是个毛手毛脚的年轻君主，一点儿也没有威严。"望之不似人君"（《孟子·梁惠王上》），看上去就不像个国君的样子！

"说说看，如何安定天下？"梁襄王也不打招呼，张口就是一个大问题。

安定天下？魏国都衰败成这样子了，不想办法弥补，还跟我说大话。再说了，你父亲尊称我为"老先生"，你小子连个招呼都不会打吗？孟子心中很不满。

"'定于一。'天下一统，才会安定！"孟子大声回答。

"天下一统，听上去不错嘛。"梁襄王兴趣来了，"谁能一统天下呢？"

"'不嗜杀人者能一之。'不好杀人的国君，就能一统天下。"

"不喜欢杀人，就能一统天下吗？就这么简单吗？"梁襄王半信半疑地看着孟子。

"你还真是不懂啊！"孟子长叹了一口气，"这就像田间的禾苗一样，长期干旱，赤地千里，眼看就要枯萎而死。这时天降大雨，禾苗蓬勃生长，谁能阻止得住呢？当今天下大乱，大小战争不断，各国君主没有一个不是杀人狂！如果有一个不爱杀人的君主，杜绝战争，国家太平，老百姓一定纷纷投奔他。就像江河之水，沛然奔流，不可抵御，当然会一统天下！"

孟子所言，是仁爱与和平的力量，谁能停止战争，谁就是民心所向。遗憾的是，在列国争竞的大环境中，哪个国君能停下战争的脚步，掉头转向呢？梁惠王做不到，梁襄王更做不到。他们只会觉得，孟子有些迂腐，空谈大道理，不切合实际。

问题在于，孟子真的是迂腐吗？他自己肯定不这么觉得。在乱世与黑暗之中，仁政王道恰恰是他要树立的精神灯塔。魏国看来是没希望了，那就换个国家继续努力吧！

一起读孟子

知识小贴士：

"定于一"——春秋战国的历史大势

"定于一"是春秋战国时期的历史大势。数百年间，诸侯列强相互征战，周初封建的数十国到战国中期，只剩下七雄争霸。政治、经济、文化的统一已成定局。这一时代大势也反映在诸子百家的论述中，如《荀子》屡言"一天下"："全道德，致隆高，綦（qí）文理，一天下，振毫末，使天下莫不顺比从服，天王之事也。"（《荀子·王制》）"一天下，财万物，长养人民，兼利天下……"（《荀子·非十二子》）《吕氏春秋·执一》："天下必有天子，所以一之也……"但是如何"定于一"，各家的方案却各不相同，孟子的"一"是仁政，荀子的"一"是隆礼重法，而韩非子、商鞅的"一"则是高度的君主专制，即后来大一统秦朝的国家形态。

四、仁政为本：孟子与齐宣王

魏国让孟子彻底失望，这个时候，齐国传来了消息。

齐威王去世了，齐宣王继承了君位。这是一位有着雄才大略的年轻君主，他努力复兴稷下之学，招揽天下学者，让孟子看到了新的希望之光。于是，他离开大梁，再次来到齐国，踏入了临淄城。在孟子和齐宣王之间，发生了哪些对话？孟子将齐国引向仁政的方向了吗？

（一）孟子对齐宣王的期许

在孟子五十四岁那年，他第二次来到了齐国。尽管王道理想并未实现，但孟子自信昂扬、劝导诸侯的事迹，已经传遍了列国。此时的孟子已经是名动天下的儒家大师，很多人都来追随他。因此，他并不是一个人来到齐国，而是带了整整一支"队伍"。根据《孟子》的记载，"后车数十乘，从者数百人"（《孟子·滕文公下》）。在孟子的车驾后面，跟着几十辆车，有数百名弟子追随，真是浩浩荡荡。

第二次到齐国，可谓孟子人生中的"高光时刻"。不仅弟子众多，连齐宣王也久闻这位老先生的大名，甚至还觉得有些神秘。他专门派出了"狗仔队"，看看孟子是个什么样子的人。

> 储子曰："王使人瞯（jiàn）夫子，果有以异于人乎？"
> 孟子曰："何以异于人哉？尧舜与人同耳。"
> ——《孟子·离娄下》

"睍"是偷偷看的意思。齐宣王听说著名的孟子先生要来齐国，有些兴奋，有些好奇，派人去偷偷观察孟子，看看他与一般人长得有啥不一样。孟子听说了，哈哈大笑："能有什么不一样呢？哪怕是尧和舜，他们和普通人也是一个样子的啊！"

这句话很有意思，在孟子看来，尧与舜并不是遥不可及的"超人"，他们的境界是每一个人都有希望达到的。以舜为例，他出身贫苦，和小树、石头做邻居，和梅花鹿、小野猪做朋友，跟深山里的野人没啥区别，但通过自己的积极努力，最终成为了一代圣王。与此同时，这句话也体现出孟子浓浓的自信。齐宣王想看看孟子和别人有啥不同，孟子却说，尧与舜同一般人都是一样的——孟子志向广大，他把自己比作尧舜，也要开拓出伟大的王道之治。当然，孟子不是王者，他的王道理想必须要通过说服齐宣王来实现。

孟子的王道理想，在和弟子的对话中彰显无遗。去齐国的路上，弟子公孙丑问他："夫子当路于齐，管仲、晏子之功，可复许乎？"（《孟子·公孙丑上》）"老师，您在齐国得到重用，能够重新实现管仲和晏子的功业吗？"管仲和晏子都是齐国历史上的名臣。管仲辅佐齐桓公，"九合诸侯，一匡天下"（《史记·齐太公世家》），多次主持诸侯会盟，有安定天下之功，使齐桓公成为春秋时期的第一位霸主。晏子辅佐齐景公，齐国内政清明，在外交上屡屡挫败骄横的楚国。这两位大臣，都是齐国人民的骄傲。公孙丑是齐国人，把孟子和自己从小的两位偶像相比，是对老师的期许与尊重。

没想到的是，孟子并不领情。他长叹一声："唉，阿丑啊，你真是个不折不扣的齐国人，就知道管仲和晏子而已……我可不愿意跟他们相提并论！"

"为什么呢？"公孙丑有些蒙了，我们齐国人的偶像，在老师

一起读孟子

这里，为啥不行了呢？

"管仲和晏子行的是霸道，我则是要让齐宣王行王道。二者之间，高下悬殊！"孟子自信满满地说。

霸道是富国强兵，用实力称霸天下；王道是仁政爱民，用德行感化天下，二者之间的境界差别很大。问题在于，在战国这样一个尔虞我诈、纷争混乱的时代，真的能行王道吗？

公孙丑也有这样的疑惑："您说得容易，真的这么简单吗？"

"齐宣王如果想要推行仁政，实现王道，一点儿也不难，"孟子把手掌翻转了一下，"就像转手心手背一样！"

"真的吗？"公孙丑更加困惑了。

"绝对不假！"孟子充满信心地说，"齐国土地千里，人民众多，鸡鸣狗吠之声，处处相闻。放眼天下诸侯，一个个残虐百姓，苛捐杂税。以齐国的强大实力，再行仁政、爱子民，天下百姓当然会心悦诚服，纷纷归来！'事半古之人，功必倍之，惟此时为然。'（《孟子·公孙丑上》）此时此刻行仁政，一定会事半功倍！"

孟子发明了"事半功倍"这个成语。问题在于，齐宣王是个容易被说服的国君吗？在他和孟子之间，发生了怎样的对话呢？

知识小贴士：

儒家眼中的管仲

在儒家的评价体系中，管仲是个非常复杂的人物。比如孔子，一方面称"管仲之器小哉"，批评管仲器量狭小；又说管仲十分奢侈，家里有塞门、反坫（diàn）等国君才能拥有的东西，不合礼节，"管氏而知礼，孰不知礼？"（《论语·八佾》）。另一方面，孔子又对管仲尊王攘夷、维护华夏文明的成就高度肯定，盛赞管仲"相桓公，霸诸侯，一匡天下"（《论语·宪问》），并说，如果没有管仲，我们就都要变成"被发左衽（rèn）"的野蛮人了！在孟子看来，尽管管仲有这样高的功绩，但所行之政还是属于"霸道"，与真正理想的"王道"之治还有距离，因而对公孙丑比自己为管仲、晏子的话不甚满意。

（二）由一头牛引发的对话

齐宣王对孟子非常尊重，任命他为客卿，这是战国时期十分尊崇的职位。有一天，齐宣王见到孟子，恭恭敬敬地问："孟子先生，您能给寡人讲讲齐桓公、晋文公的故事吗？"齐桓公和晋文公都是春秋时期的霸主，齐宣王并不是喜欢听历史故事，而是想要成就一番霸业！

齐宣王对霸道感兴趣，孟子却是主张王道的。齐桓公也好，晋文公也罢，他都看不上。他不无骄傲地说："我们儒家是孔子的后学，从没听过什么齐桓、晋文的故事。没办法，您想不想听听王道呢？"这个话很有意思，在《论语》中，孔子多次谈到齐桓公、晋文公，《孟子》中也有对他们的评价褒贬——孟子不是没听过，他就是不想讲！

"讲王道也好！您看寡人这样的，可以行王道吗？"

一起读孟子

"没问题！"孟子斩钉截铁地说。

"您怎么知道俺行？"齐宣王有些疑惑，见面没有几次，为啥这么相信我？莫不是忽悠我？

孟子哈哈一笑："我听说，大王坐在堂上晒太阳，有人牵了头牛过来，您一问，原来是拉去祭祀。您说'以羊易之'（《孟子·梁惠王上》），换一只羊！有这事没有？"

"有啊！俺看那头牛哆哆嗦嗦，怪可怜的。'若无罪而就死地'，跟人受了冤枉要杀头似的，有点儿不忍心。"

孟子说："凭您换牛的这份心意，就能实现王道！对了，您知道老百姓是怎么评论这件事的吗？'百姓皆以王为爱也'，老百姓都认为您是小气鬼，连头牛都舍不得！"在这句话里，"爱"是吝惜的意思。

宣王一听就跳了起来："胡扯！齐国再小，也是千里之地，俺岂能舍不得一头牛？俺是看它可怜，才换了只羊的！"

孟子哈哈大笑："大王，您琢磨琢磨，要是说牛可怜的话，难道那只羊就不可怜了吗？"

是啊，在这个故事里，最可怜的就是那只羊了。它早上起来吃草的时候，看见自己隔壁的大肥牛哆哆嗦嗦被拽了出去，长出了一口气，幸亏不是我啊！过一会儿，牛被牵回来了，一边走一边还冲着它坏笑："哥们儿，换你啦……"

齐宣王一听这话也乐了："'宜乎百姓之谓我爱也。'别说啊，老百姓说我舍不得牛，还是有点儿道理的。但俺真是冤枉啊！"

孟子说："没关系，这就是仁道。您光看见牛哆嗦了，没看见羊也在掉眼泪呢，当然可怜牛了。咱们齐国有的是钱，怎么会舍不得一头牛呢？"

"对对对，就是这个意思！"齐宣王拍手说，"您老太懂我的心了，比我自己都明白啊！话说回来，您说这个换牛的心，就能实现王道，为啥？"

齐宣王的头脑很清楚，绕了一圈，又回到"王道"的主题了。孟子说："问得好！在我看来，您不是做不到王道，而是不想做啊！"

"嗯？"齐宣王有点儿纳闷了，"这个'做不到'和'不想做'，有啥区别？"

"当然有！把泰山夹在胳膊下，噌一下跳过北海，这是'做不到'。给老年人按摩腿脚，说自己'做不到'，那纯粹是'不想做'！什么是王道仁政？'老吾老，以及人之老；幼吾幼，以及人之幼'，关怀自己家里的长辈，再把这份关爱推行到天下人的长辈身上；照顾自己家里的儿女，再把这份呵护推行到天下人的儿女身上。王道仁政也好，古圣先贤也好，说白了，就是'推己及人'这四个字！大王对一头牛都有恻隐之心，为什么不把这份心肠用在百姓身上呢？所以您不行仁政，不是'做不到'，而是'不想做'。"

一起读孟子

齐宣王听了,连连点头,但神色之间,又有种"心不在焉"的感觉。孟子心里清楚,他还是放不下霸道的执念,放不下征服天下的野心!要知道,齐宣王名叫"辟疆",名字里都有开疆辟土的意思!

"大王,我看您心里还有别的想法。您是那种好战分子吗?热爱战争,喜欢杀伐?"孟子问道。

"不不不,"齐宣王连连摇头,"寡人有自己的伟大志向!"

"能告诉我吗?"孟子问道。

齐宣王笑而不言——不告诉你,有能耐你猜啊!

这有什么难猜的。你想称霸天下,这都写在脸上了……孟子心想,让我猜,那就逗逗你吧。

"伟大志向……大王是要吃一桌大餐吗?是要穿暖暖和和的衣服吗?是要听动听的音乐吗?是要有更多的人伺候你吗?这些好像都不难啊……"孟子含笑说道。

"哈哈哈,不至于的!俺不在乎这些!"齐宣王也笑了,他心想,孟子先生不过如此嘛,这猜的都是哪儿跟哪儿啊。

"哦,那我懂了。大王的志向,是要开辟土地,威服诸侯,统一天下!不过,按你现在这个做法,那就是'缘木而求鱼'——爬到树上抓鱼,一无所获啊!"孟子发明了"缘木求鱼"这个成语,用来形象

说明行动和目的相反,劳而无获。

他这么一说,齐宣王不高兴了,气鼓鼓地看着孟子:"您怎么能这么打击俺的志向!"

"缘木求鱼,虽然没鱼吃,可也不会倒霉。按大王的志向,全力以赴,齐国肯定要倒大霉!"孟子说。

"嗯?为什么?"齐宣王有些紧张起来。

"道理很简单,小不敌大,寡不敌众,弱不敌强。齐国的土地,只占天下的九分之一,想要征服天下,那就要以一敌八,您觉得能打赢吗?"

齐宣王听了,脸色大变。是啊,自己的野心,会不会让齐国陷入以寡敌众的危险呢?那我应该怎么办呢?他客客气气地向孟子请教:"孟子先生啊,俺的脑瓜都被您给说乱了,不知道咋办了。您老人家再教教我,我虽然有些憨憨,但还是可以试一试嘛!"

怎么办,从根本做起,行仁政王道!给老百姓置办产业,让他们安居乐业,幸福生活,再兴办学校,教育民众。"五亩之宅,树之以桑,五十者可以衣帛矣……"(《孟子·梁惠王上》),孟子将给梁惠王讲过的仁政理想,又给齐宣王讲了一遍。

孟子从一头哆哆嗦嗦的大肥牛说起,叩问齐宣王的本心,消解齐宣王的"大志",最终将他引向了王道仁政。孟子特别善于把握齐宣王的内心世界,他仿佛会"读心术"一样,提前预判了齐宣王的心理活动。这可是一个大本事!善于论辩的思想家,一定是善于"知人心"的。王道仁政的根本目的,是要让战乱中的苦难百姓拥有生存的底线,过上安定的生活,这是孟子难以忘怀的使命!

看完了孟子和齐宣王的对话,你觉得孟子说得有道理吗?齐宣王真的不可能用武力统一天下吗?在一个充满竞争的时代,孟子的

一起读孟子

思想会不会显得有些迂腐呢?

先别急着下结论,我们继续看他与齐宣王的对话。

知识小贴士:

古今词义的不同

在阅读文言文时,有时会发现古今词义不同的现象,本篇"宜乎百姓之谓我爱也"中的"爱"字就是这样。在现代汉语中,"爱"的常用意义是喜爱,但在古代汉语中也有吝惜的意思,如《老子》:"甚爱必大费,多藏必厚亡。"除了"爱"字之外,"五十步笑百步……"中"兵刃既接"的"兵"也存在古今异义的现象。在先秦时期,"兵"的常用义不是今天常说的士兵,而是专指士兵手里的兵器。《孟子》中还有"弃甲曳兵""兵革非不坚利也""兵甲不多",其中的"兵"都是指兵器。像这类字词,大家可要留心积累哦!

(三)齐宣王"有毛病"

孟子问齐宣王:"我听说您喜欢音乐,有这事吗?"

齐宣王一下子扭捏起来:"俺不是喜欢先王之乐,不过是迷上了流行小调,说不出口啊。"

"没关系,喜欢流行小调,齐国也能兴旺发达。"

宣王心说，好嘛，又忽悠我……"此话怎讲啊？"

孟子没回答，反问了一句："独乐乐，与人乐乐，孰乐？"（《孟子·梁惠王下》）

这句话有点儿绕。两个"乐乐"，前面一个读"yuè"，是欣赏音乐的意思；后面一个读"lè"，"孰乐"的"乐"也读"lè"，都是快乐的意思。孟子的意思是，你是一个人听音乐更快乐呢，还是跟大家一块儿听音乐更快乐呢？

"当然是一起听有意思了。"

孟子说："您看，这份心就是王道，您喜欢和老百姓一块儿分享，王道就是与民同乐嘛。"

过了几天，孟子又给齐宣王讲起了仁政王道："世间最可怜的是鳏（guān）、寡、孤、独这四种人，'老而无妻曰鳏，老而无夫曰寡，老而无子曰独，幼而无父曰孤'（《孟子·梁惠王下》）。老了没有妻子的叫鳏夫，老了没有丈夫的叫寡妇，没有儿女的老人叫孤独者，从小死了父亲的孩子叫孤儿。他们的日子苦啊，当初周文王行仁政，先要照顾这四种人。"

孟子讲得口干舌燥，齐宣王听得愁眉苦脸："先生，俺做不到啊！"

"为什么呢？"

齐宣王脸一红，说了四个字："'寡人有疾'——我有病！"

"什么毛病啊？"

"'寡人好货'——我贪财！"

孟子说："贪财没关系！过去周代有位先王叫公刘，他也贪财，领着老百姓发家致富，最后国富民强。您把贪财的心推广到百姓身上，走共同富裕的路线，这不就是仁政吗？"

言之有理，但我还是有病啊："'寡人好勇'——我好斗！"

孟子笑答:"好斗也不错啊,周武王也好斗。他看商纣王昏庸无道,一怒之下领兵灭了商朝,这叫'武王亦一怒而安天下之民',周武王一发怒,就让天下的老百姓生活安定。您把好斗的心也推广出去,替百姓除暴安良,这还是仁政啊。"

齐宣王哈哈一笑,有道理,不过——我还是有病:"寡人好色!"

好家伙,齐宣王的毛病还真不少。也难得他这么诚实,这点儿事全抖搂出来了。孟子怎么说?

"好色嘛……也不错!过去周代的太王也好色,娶了个特别漂亮的妃子。但他想,我好色,老百姓也好色啊,因此仁政爱民,一时'内无怨女，外无旷夫'，家里没有老姑娘，外面也找不到单身汉。您让老百姓安居乐业，家家娶得起媳妇；别总发动战争，以免士兵战死沙场，国内到处都是寡妇，这就是仁政啊！"

说实话，孟子真够不容易的，碰到齐宣王这样不怕丢人、刨根问底的君主，一般人恐怕招架不过来。但孟子辩才无碍，对答如流，齐宣王再怎么"有毛病"，都能给拉回到仁政王道上来，而且入情入理，处处点在齐国政治的软肋上。

孟子凭的是什么？正是仁者"推己及人"的理念。

知识小贴士：

流传后世的政治美德——忧乐天下

孟子多次向齐宣王讲与民同乐的道理。有一次，齐宣王在豪华的雪宫对孟子说："贤者也有这种快乐吗？"孟子答道："有的。底下人得不到您这种快乐，会非议您；非议您固然不对，但您身为民之主却不与民同乐，同样也不对。有言道：'乐民之乐者，民亦乐其乐；忧民之忧者，民亦忧其忧。'（《孟子·梁惠王下》）古代贤王出游行乐，是体察民情、与民休息，要是为了自己行乐而劳民伤财，那就称不上乐了！"孟子"乐民之乐"这句话，被宋代文学家范仲淹化用到了名篇《岳阳楼记》中："先天下之忧而忧，后天下之乐而乐。"忧乐天下的政治美德，一直流传到今天。

一起读孟子

（四）王顾左右而言他

一来二去，孟子发现了，说服齐宣王并不容易。有时候，他也会"顶"一下齐宣王，或者挖个小坑给他跳。在《孟子》中，有一段很有意思的对话：

> 孟子谓齐宣王曰："王之臣有托其妻子于其友，而之楚游者。比其反也，则冻馁其妻子，则如之何？"王曰："弃之。"
>
> 曰："士师不能治士，则如之何？"王曰："已之。"
>
> 曰："四境之内不治，则如之何？"王顾左右而言他。
>
> ——《孟子·梁惠王下》

孟子问齐宣王说："听说大王有个臣子，去楚国办事，临走的时候把老婆孩子托付给朋友了。结果等他回来，他老婆孩子挨饿受冻，可怜极了！大王觉得，该怎么办？"

嗯，寡人手下还有这种人？齐宣王义愤填膺："这种人渣，跟他一刀两断！"

"别忙，别忙！"孟子说，"我还听说，齐国有个法官，管不好手下的官吏。大王觉得，这又该怎么办呢？"

寡人手下咋这么多烂人呢？齐宣王更来气了："这种狗官，寡人撤了他！"

"别忙，别忙！"孟子笑着说，"那如果整个齐国都不太平，又该怎么办呢？"是啊，这回该撤谁的职呢？

"寡人，寡人……"齐宣王刚要说话，一想不对，他红着脸，

东张西望，转移话题，"孟子先生，您觉得天气怎么样……晚上要不要吃点儿齐国的特色菜……"

"顾左右而言他"后来也成了一个常用成语，指的是支支吾吾，无法应对的样子。在孟子看来，一个国家的兴衰成败，国君负有最大的责任。如果国家衰败，不如干脆把国君给撤了。这种思想体现出鲜明的"民本"意识——老百姓是国家的根本，百姓日子苦了，国君就要承担责任！

这次对话之后，齐宣王心里有点儿不舒服，好个孟子先生，寡人那么尊重你，你却挖坑给俺跳，还想把寡人给撤了，你干脆来个"孟氏代齐"吧！不痛快归不痛快，他也明白这是孟子的直言劝谏。于是，他又向孟子请教："商汤放逐了夏桀，周武王杀死了商纣王，真的有这样的事儿吗？"

"当然有了！古书上都有记载。"孟子说。

"商汤和武王都是当臣子的，以臣弑君，这合乎规矩吗？"齐宣王的视角很独特，一般人都觉得商汤和武王是替天行道，弘扬正义，但站在国君的角度上，齐宣王考虑的是君臣之间的规矩——他们再符合正义，怎么能杀害自己的君主呢？

看来，齐宣王这是有点儿代入感了。孟子看了看他，说道："破坏仁爱的人叫'贼'，破坏道义的人叫'残'，残贼俱全的人叫'独夫'！桀纣哪里是国君啊，他们是万恶的独夫。商汤和武王没有弑君，不过就是干掉了一个独夫而已！"

听了这话，齐宣王更不高兴了——俺要是不仁义，连国君都不算了，是个什么"独夫"，太惨了！要是老百姓都像你这么想，俺的君位可有点

一起读孟子

儿不安全啊……

我们说过，孟子的思想具有"人民本位"，把老百姓放在第一位。他曾经旗帜鲜明地说："<u>民为贵，社稷次之，君为轻。</u>"(《孟子·尽心下》)老百姓最重要，其次是国家社稷，至于国君嘛，最不重要！这种立场对国君来说确实有点儿不友好——按照他的逻辑，要是老百姓不满意了，岂不是可以推翻国君的统治了？在中国历史上，尽管孟子被尊为"亚圣"，但总有帝王对他"重民轻君"的态度颇为不满。明太祖朱元璋就是一个例子，相传他读《孟子》的时候大发雷霆，甚至想将孟子的牌位"逐出"孔庙呢。

知识小贴士：

令君王尴尬的"汤武革命"

商汤伐夏桀、周武伐商纣，尽管是天下称道的仁义之事，但毕竟属于以臣伐君，因而颇受后世统治者的忌讳。《汉书·儒林传》记载，汉景帝的时候，儒生黄生、辕固生就在皇帝面前争论过"汤武革命"的问题。辕固生认为"汤武革命"是顺天道、应人心之举，但黄生却坚持这乱了上下之分，属于以臣弑君。辕固生反驳道："那照你这么说，汉高祖刘邦推翻无道暴秦，也是不对的喽？"此言一出，朝堂上的气氛紧张到了极点。汉景帝极为尴尬，于是发话："食肉不食马肝，不能算不懂吃；论学不论'汤武革命'，不能算没学问。"用一种隐晦的方式，禁止了对"汤武革命"这一问题的讨论。

（五）伐燕事件：孟子和齐宣王的隔阂

孟子和齐宣王之间渐生嫌隙，但两个人真正的隔阂，还是著名的"齐国伐燕"事件。这是怎么回事呢？

燕国是战国七雄之一，也是实力强劲的诸侯，它位于今天的北京、河北一代，就在齐国北边。自古以来，燕人尚武，多慷慨悲歌之士，出了很多著名的侠客。这个民风彪悍的国家，一直是齐国的劲敌。在当时，燕国的国君是燕哙（kuài）王，他虽然励精图治，但有一个致命的缺点——容易被忽悠！

这个缺点被燕相子之抓住了，他是一个野心家。有一天，子之请来了一个著名的大忽悠——说客苏代。

燕哙王见到苏代，问道："齐王的水平如何？"

"不行！"苏代连连摇头。

"为什么呢？"

"他不能充分信任自己的大臣。"苏代这么说，是受了子之的贿赂（huì lù），没想到，燕哙王居然信了，把国家的权柄都交给子之。

过了几年，子之又请来了一个大忽悠，叫鹿毛寿。这位先生对燕哙王说："您知道禅让的故事吧！尧禅让给舜，舜禅让给大禹，这都是古代的圣人。您要禅让给子之，也是圣人，一点儿也不比尧差！"这是赤裸裸的忽悠啊，没想到，燕哙王居然还是信了！

交权！禅让！燕哙王把国事全部交给子之，自己退休养老去了。子之高兴了，但燕哙王的太子平不干了，燕国数百年的社稷，怎么说给人就给人了？于是，他联合了大将军市被包围了燕国王宫，攻打子之。没想到，王宫的城墙特别高大，一下子没打进去。子之缓过神来，准备反攻，市被一看大势不好，领着自己的兵马反过来

一起读孟子

攻击太子平。

燕国的形势真够乱的！这一打就是几个月，战死了好几万人。老百姓惊魂不定，离心离德，纷纷逃离燕国。这场内乱的消息传到齐国，齐宣王立刻意识到，千载难逢的机会来了——燕国大乱，要不要趁机拿下？！

齐宣王和大臣们积极商讨，也想听听孟子的意见。他派出一名叫沈同的大臣，来问孟子："可以讨伐燕国吗？"

孟子听了燕国的事儿，也觉得很荒唐："可以！子之篡夺君位，太不像话了！燕国的老百姓卷入战乱，太惨了！"

于是，齐国派出军队，迅速攻入燕国。燕国上下烦透了子之，根据《史记》记载，当时燕国"士卒不战，城门不闭"，完全放弃了抵抗。于是，齐国军队仅仅用了五十天，就攻下了燕国的首都，把子之和燕哙王一并杀死。他们俘虏了大量燕国人民，还把国库里的宝贝运回齐国。这下子，燕国的老百姓觉得不对了，本来以为齐国是"维和部队"，没想到是狼子野心的侵略者！人民愤怒的声音开始呐喊，反抗的火种不断燃起。

形势正在起变化，但齐宣王还沉浸在胜利的喜悦中。他请来孟子，得意扬扬地问他："'或谓寡人勿取，或谓寡人取之。以万乘之国伐万乘之国，五旬而举之，人力不至于此。不取，必有天殃。取之，何如？'（《孟子·梁惠王下》）有人跟寡人说，干脆把燕国灭了吧，也有人说不能灭。寡人想，齐国和燕国都是万乘之国，俺用了五十天就攻下了它的首都，哈哈哈，这是老天爷帮俺啊！不灭了燕国，是不是有点儿不给老天爷面子啊？您说呢？"

齐宣王志得意满，孟子却皱起了眉头："大王想占领燕国，那要看燕国老百姓高不高兴。百姓高兴，就别犹豫。百姓要是不高兴，

那就别再让他们陷入水深火热中了！"

"燕国的百姓算老几，还不是寡人的俘虏和奴隶！"齐宣王再也不想听孟子的话了，迅速下令，把燕国灭了，让齐国的大旗插在燕国的城墙上！这样一来，战国七雄变成了"六雄"。燕太子平痛恨不已，组织部队开始反抗，列国诸侯也不想看齐国坐大，密谋联合，准备一起讨伐齐宣王。

成了众矢之的，齐宣王坐不住了，连忙请来孟子："孟夫子啊，坏了坏了！诸侯组成联盟，要一块儿来打寡人了。您之前说的'以一敌八'，就快要变成现实了。俺该怎么办啊？"

一起读孟子

孟子一听,非常无语,让你不听老夫的话!如今形势急转而下,你来找我了,那就再给你讲讲道理吧:

> 今燕虐其民,王往而征之。民以为将拯己于水火之中也,箪食壶浆,以迎王师。若杀其父兄,系累其子弟,毁其宗庙,迁其重器,如之何其可也?天下固畏齐之强也。今又倍地而不行仁政,是动天下之兵也。王速出令,反其旄倪,止其重器,谋于燕众,置君而后去之,则犹可及止也。
>
> ——《孟子·梁惠王下》

"燕国无道,肆虐百姓,大王派兵征讨。燕国百姓以为来了救星,把他们从水深火热中救出来,于是拿着粮食酒浆来迎接齐国大军。你们可好,杀掉他们的父兄,掳掠他们的子弟,毁坏他们的宗庙,抢走他们的宝器——这是残暴的强盗之举啊!天下诸侯,本就害怕齐国强大,如今可好,齐国土地扩大了一倍,而且还残暴无道,他们不联合起来打你打谁?说白了,大王的行为是赤裸裸的'找揍'啊!怎么办?赶紧发布命令,放了燕国的俘虏,归还燕国的宝器,让他们自己立一个君主,然后火速撤军。别耽误时间,赶紧做,也许还来得及……"

孟子一番话,听得齐宣王哑口无言,郁闷极了。放弃燕国,寡人舍不得;不放弃的话,诸侯联军又打不过……

怎么办?怎么办?

知识小贴士：

战国时期的"禅让"思潮

战国时期的思想界，兴起了一股"禅让"风潮，其中尤以孔子后学子游一派鼓吹最为得力。今传《礼记·礼运》一篇为子游学派所作，其开篇描述大同社会"大道之行也，天下为公"，据后文与郑玄的注释可知，这里的"公"指的就是古代圣王的禅让。20世纪末出土的郭店楚简《唐虞之道》将禅让盛赞为"圣之盛""义之至"，甚至宣称"不禅而能化民者，自生民未之有也"，将禅让的意义推向了极致。燕王哙让国与子之，正是这种时代风潮的反映。不过，孟子对于禅让的问题还是比较保守的，在《孟子·万章上》中，孟子否认了"尧以天下与舜"的说法，认为天子不能将天下赠予他人，只能顺应天意，而天意的直接表现则是民意。因此，孟子对燕王哙让国的行为并不认同。

（六）孟子离开齐国

在诸侯联军的压力下，齐国军队灰溜溜地撤出了燕国。太子平继位，他就是著名的燕昭王。"伐燕事件"让齐、燕两国成为死敌，给齐国埋下了一个巨大的"雷"。对齐宣王来说，他对孟子日益

一起读孟子

不满,您老人家就知道"顶"我,也不给寡人出个好主意!对孟子来说,更是颇为失望,枉我说了那么多道理,你最终还是做了侵略者——孟子在齐国行仁政的理想基本上破灭了,尽管宣王对孟子依旧礼遇,他们之间已经出现了不可弥合的裂痕。

想来想去,孟子决定离开齐国。在齐国数年,他由信心满满变得失望透顶,再也不相信当世诸侯能够实现王道仁政了。他打算回乡讲学著书,把思想传递给后世,将希望寄托于未来。

孟子向齐宣王辞行,宣王非常不舍。尽管这位老先生脾气很大,常把自己"顶"得哑口无言,但他的谆谆教诲,他对自己的理解,他描绘出的伟大的王道境界,都让宣王难忘。于是,他亲自赶到孟子家中,拉着孟子的手说:"孟子先生,没想到您扔下寡人,要回家乡了。寡人舍不得啊!我们今后还能再见面吗?"

江山悬隔,路途遥远,古人一别之后,见面很难。孟子也有些感动了,他对齐宣王说:"我也想与您再见面,但未来的事情,谁又有把握呢?"

齐宣王没能留下孟子,心中还是不甘。他对大臣时子说:"'我欲中国而授孟子室,养弟子以万钟,使诸大夫国人皆有所矜式。子盍(hé)为我言之?'(《孟子·公孙丑下》)——听说孟子要走,寡人真心舍不得!他不是想教书育人吗?我准备在临淄城的中心为孟子建一所学校,用万钟之粟供养他的弟子,让他在齐国安心教学,也给齐国的大夫、百姓都做个榜样。你何不替我去和孟子说一说呢?"

时子托人把话带给孟子,但带话的人太重视这个"万钟之粟"了:"您别走了!齐宣王开出的条件天下难得!"孟子长叹一声:"我来齐国,是为了高官厚禄吗?我在乎的是王道仁政啊!王道不行,给我再多的利禄,我也不会留下的。我又不是那种贪图富贵的'贱丈夫'!"

"贱丈夫"这三个字,是孟子的原话。话说到这个地步,再无回转余地,他决然地离开了齐国。这一年,孟子已经六十一岁了。

回乡路上,孟子的表情非常凝重。他从四十岁开始周游列国,游说了齐威王、宋康王、邹穆公、滕文公、梁惠王、齐宣王,到如今整整二十一年了。尽管他思想深刻、词锋锐利,但始终一无所获。直到如今,他的游历生涯画上了句号。回首往事,感慨万千,这个世界还会变好吗?

一起读孟子

弟子们也感受到孟子的伤感,有个叫充虞的学生忍不住问:"老师,我看您很不高兴的样子。但孔子说'君子不怨天,不尤人',您是在怨天尤人吗?"

孟子摇了摇头,说道:

> 五百年必有王者兴,其间必有名世者。由周而来,七百有余岁矣。以其数则过矣,以其时考之则可矣。夫天未欲平治天下也。如欲平治天下,当今之世,舍我其谁也?吾何为不豫哉?
>
> ——《孟子·公孙丑下》

"放眼历史长河,每隔五百年会出现一位大圣人,其时必有命世之才脱颖而出,推动历史的发展。从周代以来,已经七百多年了,这样的圣贤也该应运而出了。天意啊,要么不想让天下太平!如果想让天下太平,当今之世,除了我又有谁呢?既然一切都是天命,那我又有什么不开心的呢?"说完了这番话,孟子不复言语,陷入了深深的沉思之中。他的信念与失望交织在一起,实在难以言表。

自此以后,孟子回到故乡,再不出山。他效法《论语》,与弟子公孙丑、万章等人编定了《孟子》一书,记录了自己的思想与生平。孟子一直活到八十四岁,在这期间,梁襄王和齐宣王都相继去世了,战国的纷争愈演愈烈,百姓的生活越来越苦。但在《孟子》这部书中,他把最为光明正大的思想,留给了历史,留给了我们。

知识小贴士：

孟子去齐——眷恋名利，还是心系仁义？

《孟子·公孙丑下》记载，孟子离开齐国的时候，并非快马加鞭、星夜兼程，而是慢吞吞地走，甚至在昼县待了三个晚上。于是，齐国有个叫尹士的大臣说："孟子走这么慢，怕不是还在想念大王的高官厚禄、锦衣玉食吧！"孟子听说后，把尹士叫过来，说道："你以为我是在眷恋名利吗？错！我想的是，我千里迢迢来到齐国，为的是能让齐国走上王道，即使被迫离开，也时刻期待齐王能够改变心意。如果齐王转变心意，不仅齐国能国泰民安，全天下的人民都能安居乐业。难道我是那种小丈夫，劝谏国君不成，就气冲冲一走了之，连一个晚上都不肯待吗？"尹士听完，惭愧地说："唉，我真是个小人，还是不懂您的仁义之心啊！"

五、孟子的思想世界

孟子的人生十分精彩，他站在历史舞台的中央，将儒家思想发挥得淋漓尽致，留下了宝贵的精神财富。因此，介绍了他非同寻常的人生经历，我们还要进一步走进他的思想世界。

深入孟子的思想世界，我们可以共同思考以下问题：孟子在教书育人中，体现出怎样的教育智慧？孟子身上充满信念感，这种磅礴的信心来自何处？有人批评孟子的王道思想过于迂腐，真的是这样的吗？孟子主张人性本善，荀子主张人性本恶，他们谁的说法更有道理？孟子为什么敢"顶"君主，他的勇气来自何处？什么又是孟子心目中的理想人格呢？

（一）孟子如何教育自己的学生

孟子是战国时期最有影响力的儒家学者，和孔子一样，他广收门徒，用教育的方式传播理想，让儒家精神传承不息。孟子有不少弟子，其中乐正子、公孙丑、万章等人都成为了当时著名的学者。在他心中，教书育人是这个世界上最快乐的事情。他曾经说过这样一段话：

> 君子有三乐，而王天下不与存焉。父母俱存，兄弟无故，一乐也。仰不愧于天，俯不怍（zuò）于人，二乐也。得天下英才而教育之，三乐也。
>
> ——《孟子·尽心上》

一位君子，他的人生中有三大乐事，哪怕是一统天下、推行王道，都比不上这三件事。有什么事情比统一天下还要开心呢？首先，父母都还健在，兄弟没有灾祸，这是第一件乐事。完整的家庭、浓郁的亲情，是人生在世最根本的幸福——孟子幼年丧父，母亲去世也很早，这是永难弥补的人生遗憾。他对亲情的看重，与这种特殊的人生遭遇不无关系。其次，抬头不愧于天，低头不愧于人，这是第二件乐事。在这句话中，"愧"和"怍"都是愧疚的意思。一个人做人行事，顶天立地，问心无愧，他的内心始终是踏实的、充盈的，这本身就是一种巨大的精神快乐。最后，得到全天下的英才来教导他们，将其培养为栋梁之材，这是第三件乐事。教育，意味着理想的传承不息，意味着不断点燃心灵的火种。孔子和孟子都在教育事业上奉献不已，乐在其中，获得了根本性的人生价值。究其原因，就在于教育是走向未来与希望的桥梁。

孟子鼓励自己的学生，既要树立远大理想，用尽全部努力；又要遵循学习规律，一步一个脚印地扎实前行。他说：

一起读孟子

> 羿之教人射，必志于彀（gòu）；学者亦必志于彀。大匠诲人，必以规矩；学者亦必以规矩。
> ——《孟子·告子上》

"羿"就是后羿，是古代著名的神箭手，相传他曾经一口气射落九个太阳。"彀"是把弓拉满。后羿在教别人射箭的时候，一定要让他们把弓拉满。只有用尽全部力气，开弓如满月，才能射出最远的距离。如果用力不足，掌握了再多技巧，也无法成为神箭手。学习也是一样的道理，必须用尽全力。在孟子看来，来自生命深处的热忱是学习的根本动力，没有这种发自内心的热爱，哪怕有再多的技巧、再好的方法，也是远远不够的。

与此同时，技艺高超的匠人教诲徒弟，一定要讲求规矩；读书治学也是如此，必须要有一定之规。学习要遵循规律，不能想着走捷径，只有掌握了科学的方法，才能事半功倍。孟子还曾说过，"不以规矩，不能成方圆"（《孟子·离娄上》）。规是画圆的工具，矩是画方的工具，它们组成了"规矩"这个词。没有规矩，画不成方圆，可见学习必须要遵照规则，不能乱来。

在学习中，既要追求博学，更要善于总结，归纳出根本性的规律与道理。孟子曾说："博学而详说之，将以反说约也。"（《孟子·离娄下》）广博地学习知识，详细地解说经典，这是为了将学问融会贯通。在这一基础上，更要回到"约"的境界。在这里，"约"有简要的意思，所谓"大道至简"，最根本的道理一定是简明透彻的。

学习是为了明理，明理是为了更好地做人。所谓"知行合一"，学习的高境界在于"自得于心"。"君子深造之以道，欲其自得之

也。"(《孟子·离娄下》)君子深入地学习大道，最终将其融入自己的生命中。

关于学习的方法，孟子特别强调"专心"的重要性。他以下棋为例，讲过一个小故事：

> 今夫弈之为数，小数也；不专心致志，则不得也。弈秋，通国之善弈者也。使弈秋诲二人弈，其一人专心致

一起读孟子

> 志，惟弈秋之为听。一人虽听之，一心以为有鸿鹄将至，思援弓缴而射之。虽与之俱学，弗若之矣。为是其智弗若与？曰：非然也。
>
> ——《孟子·告子上》

在这段古文中，"弈"是下棋的意思，"援"是拿过来的意思，"缴"是系在箭后面的丝线，方便猎人找到猎物。孟子对弟子们说："下棋是一种游戏，但也要专心致志，不然的话，必将一无所获。你们知道弈秋吧，他是全国最棒的棋手。弈秋曾经收过两个弟子，入学的时候，两个人的水平差不多，半斤八两。但时间一久，一个人的棋术噌噌噌见长，一个人总在原地踏步，差距越来越大。弈秋有些纳闷，人和人的差距怎么这么大呢？于是，他开始悄悄观察起来。很快，答案就揭晓了——进步快的那个学生，能够专心致志，心无旁骛，一心一意地向弈秋学习；原地踏步的那个学生，上课经常走神，两眼直勾勾地看着天空，总觉得要有天鹅飞过来，想拿起弓箭把它射下来。虽然一起求学，第二个人的成绩却不如前者，是因为智力不如前者吗？回答很明确：当然不是。两个人状态不同，棋艺当然不一样。"

孟子向弟子们感慨道："学习重在专心！一分耕耘，一分收获啊！"

讲这个故事的时候，不知道他是否回想起自己小时候逃学，孟母用刀割断布匹的情景。这是他生命中最难忘的一幕，深刻地塑造了孟子的学习之道。

知识小贴士：

尽信《书》，不如无《书》

孟子倡导读书要讲究方法。他在《孟子·尽心下》中说："尽信《书》，则不如无《书》。吾于《武成》，取二三策而已矣。仁人无敌于天下。以至仁伐至不仁，而何其血之流杵（chǔ）也？"《武成》是《尚书》中的一篇，里面说武王伐纣的时候"血流漂杵"，十分血腥。孟子没有盲从这一记载，分析说，武王是至仁之人，天下归心；纣王是无道昏君，众叛亲离。至仁之人去攻伐无道昏君，强弱立判，何至于杀到昏天黑地、血流成河？所以，即使是《尚书》这样的经典，也不能不假思索、完全信从，而是要在阅读中加入自己的思考。这样的读书方法值得我们好好学习。

（二）孟子的信念感来自何处

孟子是一个信念感十足的人。

在战国的黑暗乱世中，他对人性中的光明，对王道仁政的理想，从来没有动摇、放弃。哪怕是在他的晚年，游说梁惠王、齐宣王最终失败，让他对当时的君主深感失望，但他的理想之光也从未黯淡。

一起读孟子

孟子的信念感来自"天命"。在他身上,有一种感召天命的气象。他的所作所为、所思所想,都承担着上苍赋予的使命。那么,这种天命的信念感又来自何处呢?来自生活的磨砺和苦难!

在《孟子》中,有一段非常经典的文字:

> 舜发于畎(quǎn)亩之中,傅说(yuè)举于版筑之间,胶鬲(gé)举于鱼盐之中,管夷吾举于士,孙叔敖举于海,百里奚举于市。故天将降大任于是人也,必先苦其心志,劳其筋骨,饿其体肤,空乏其身,行拂乱其所为,所以动心忍性,曾益其所不能。
>
> 人恒过,然后能改;困于心,衡于虑,而后作;征于色,发于声,而后喻。入则无法家拂(bì)士,出则无敌国外患者,国恒亡。然后知生于忧患而死于安乐也。
>
> ——《孟子·告子下》

在这段话中,孟子如数家珍般介绍了六位圣贤的事迹,在他们身上,体现出困境中不屈不挠的精神。

第一个出场的是大舜。他出身"畎亩之中",本是种地的农夫。我们之前讲过舜的故事,他生活贫寒,父亲、继母还有弟弟都想害死他,但正是这种坎坷境遇,磨砺了他的意志和品德,使他最终成为一代圣王。

第二个出场的是傅说。他是殷高宗武丁的大臣,一开始不过是一个身份卑微的囚犯。所谓"版筑",古人修墙的时候,先立起两块木板,称之为"版";木板中间填上土,夯(hāng)实,称之为"筑"。修筑城墙,是古代囚犯要服的劳役。《史记》中记载,武丁晚

大舜 傅说 孙叔敖 胶鬲 管仲 百里奚

上做了一个梦，梦到自己遇到了一位大圣人，醒来一看，群臣百官都不像，于是广泛搜寻，最终在傅岩这个地方找到了傅说——他身为囚犯，连自己的姓都没有，武丁便用他所在的地方"傅"给他冠姓。傅说辅佐武丁，最终成就大业。

第三个出场的是胶鬲。他是商纣王时期的贤臣，关于他的历史记载不多。他出身于"鱼盐之中"，也就是贩卖鱼盐的小贩。

第四个出场的是管夷吾，也就是大名鼎鼎的管仲。孟子对齐宣王说自己不了解管仲的事迹，看起来是靠不住的。管仲的出身颇为坎坷，他一开始辅佐齐桓公的政敌公子纠，为他追杀即位之前的齐桓公——公子小白。管仲一箭射去，险些要了小白的性命，是带

一起读孟子

钩——也就是古人扣系腰带的挂钩——救了小白一命。齐桓公即位之后,管仲沦为阶下囚。所谓"举于士","士"是主管监狱的官员。齐桓公在管仲的好友鲍叔牙的劝说下,才把他从监狱中放出来,拜为国相,最终成就一番霸业。

第五个出场的是孙叔敖。他是楚庄王时期的令尹,所谓"举于海",不是说他住在海里,而是说他居住在僻陋的海边。根据《史记》记载,在他的治理之下,楚国"上下和合,世俗盛美,政缓禁止,吏无奸邪,盗贼不起",君臣上下团结,社会风俗美好,政令虽然和缓宽容,却能做到令行禁止,没有贪官污吏和盗贼恶人,为楚国争霸中原打下了基础。

第六个出场的是百里奚。他是秦穆公的大夫,足智多谋,是秦国的栋梁之材。所谓"举于市",是说他是从集市里被提拔上来。不过,他可不是卖菜的小贩。百里奚最初是虞国大臣,虞君不听劝谏,被晋国灭掉,百里奚沦为奴隶。秦穆公早就听闻他的才干,想要把他请到秦国,又怕大张旗鼓,走漏风声,反而会使他陷入危险,便用五张羊皮把百里奚赎回秦国。因此,时人给百里奚起了个外号——"五羖(gǔ)大夫",也就是用五张羊皮买来的大夫。

孟子运用排比句,举出六位圣贤的例子。他们出身贫贱卑微,遭遇艰难困苦,但正是这种种苦难,磨砺了他们的意志,淬炼了他们的品德,使他们成为历史上的风云人物。因此,孟子得出结论:当上天要降临大任给一个人,必将伴随着相应的苦难。让他内心痛苦、身体劳累、挨饿受穷、处处碰壁,最终在他心中激发出强大的力量,获得前所未有的能力。所谓受天命者,注定会走过一段普通人无法走过的坎坷逆境,担当普通人难以忍受的挫折磨难。这种从苦难中获得的力量,正是仁人志士心中坚定不移的信念。

一个人如此，一个国家也是这样。如果在内没有秉持法度、直言进谏的大臣，在外没有敌国的强大威胁，安乐的环境会滋生骄奢淫逸，使国家最终走向灭亡。从个人命运说到国家历史，孟子最终得出了一个掷地有声的结论："然后知生于忧患而死于安乐也。"无论个人还是国家，在无尽的忧患中，反而能克服苦难、焕发生机；在安逸的享乐中，则容易走向堕落与毁灭。

　　这句话中，饱含着深切的忧患意识——孟子的信念感不是固执己见，不是盲目自大，而是来自他对人性、时代与历史的深沉忧思。

知识小贴士：

士人阶层的兴起

　　孟子列举的六位前贤中，舜、傅说、胶鬲、孙叔敖都出身寒微，孟子的这组举例，恰好反映出战国时期寒门士人兴起的社会现实。在西周与春秋时期，实行"世卿世禄"的宗法分封制，在这一体制下，平民的子弟永远是平民，很少有向上晋升的可能。但是到了战国时期，传统等级制度渐趋破坏，诸侯国为了富国强兵，不拘一格地招揽各类人才，加之平民教育的推广，越来越多拥有知识的寒门士人登上了历史舞台。为帝王师的子夏、挺身救国的毛遂、完璧归赵的蔺（lìn）相如、秦始皇的丞相李斯，都是脱颖而出的风云人物。孟子"天将降大任于是人也"的宣言，发出了战国士人的最强音。

一起读孟子

（三）孟子的思想有些迂腐吗

孟子劝说梁惠王、齐宣王行王道仁政，《史记》中记载了时人对孟子的评价："迂远而阔于事情。"不切合当时的形势，有些迂腐。战国之际，诸侯之间激烈竞争，一个个杀红了眼：秦国举用商鞅，富国强兵；魏国、楚国重用大将吴起，战胜弱敌；齐威王、齐宣王任用孙膑、田忌，威震诸侯。当时流行的是合纵连横、兵法诡计，孟子却要讲什么尧舜之道，难怪不被采纳。

孟子真的是一个迂腐的人吗？关于这个问题，我们要从短期视角和长期视角分别考虑。

在短期视角上，仁政王道没法打赢战争，更不能攻下城池。孟子的建议，无法满足当时诸侯们迫切的利益需求，甚至还需要他们放弃一些眼前的好处，自然是不讨喜的。梁惠王、齐宣王尊重孟子而不采纳其建议，大抵也是为此。

在长期视角上，仁政王道则是治国的根本原则。违背这点，哪怕是迅速地得到好处，也会更为迅速地失去它们。以齐宣王为例，他趁着燕国内乱，出兵伐燕，短短五十天就打进了燕国首都，可谓军事上的奇迹！但结果呢，齐军暴虐百姓，抢夺重器，不仅被诸侯围攻，更与燕国成为了死敌。燕哙王虽然被杀，但继承王位的燕昭王恨毒了齐国，他励精图治，招揽人才，最终由大将乐毅统兵攻入齐国，杀得齐国只剩下两座城池，齐宣王的继承人齐湣（mǐn）王逃出临淄，惨死在外。齐国自此元气大伤，最终为秦国所灭。历史的教训摆在这里，谁说仁政王道一定是迂腐无用的呢？

孟子的治国之道看似迂腐，实则具有根本性的政治意义。在中

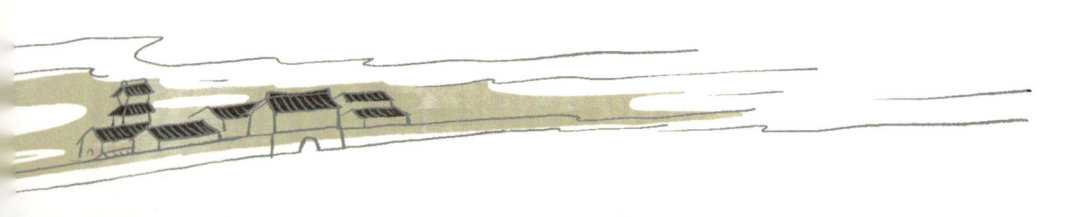

国历史上，任何一个强大的王朝，如果违反了仁政王道的规律，注定会迅速灭亡；任何一个长治久安的王朝，也都以仁政王道为底色。孟子的思想超越了短期的利害得失，指向了长久的历史规律，这种对普遍性的历史规律的思考，体现出儒家寻根问底、追求大道的气概。

在《孟子》中，有这样一句话：

> 孔子登东山而小鲁，登太山而小天下。故观于海者难为水，游于圣人之门者难为言。观水有术，必观其澜。
>
> ——《孟子·尽心上》

"东山"是鲁国首都曲阜边上的小山，"太山"是泰山。孔子登上东山，俯瞰鲁国，鲁国就像一个小村落一样，显得渺小起来；孔子登上巍峨的泰山，俯瞰天下，山河大地都显得渺小起来。因此，观赏过大海的人，再看江河之水，便会觉得索然无味；在圣人门下聆听教诲，再听其他学派的言论，也会感到平平无奇。治学之道，犹如观水，一定要先看那波澜壮阔的万里怒涛啊！

孟子讲的是求学的道理，也是思想的格局。借用大诗人杜甫的名句，"会当凌绝顶，一览众山小"——孟子探求的是深刻的历史规律、长远的治国道理，所谓"迂腐"，也是由于那些批评者缺乏长远的历史眼光！

一起读孟子

知识小贴士：

君子志道——孟子观水

孔子说："知者乐水。"孟子也在观水中体悟了无穷的智慧。孟子说："原泉混混，不舍昼夜，盈科而后进，放乎四海。有本者如是，是之取尔。"（《孟子·离娄下》）在孟子看来，水的神奇在于它蓬勃的生命力，始终奔涌，流淌不绝，从涓涓细流到大江大河，最终奔向广阔的大海。由于江河的生命力来自"源头活水"的"本"，所以它不会像路边的小沟一样容易干涸。类比于人，若有强大的仁义之道支撑，整个人的生命也会始终昂扬。孟子说，君子求道应当像水一样，把一切缝隙都给填满："流水之为物也，不盈科不行；君子之志于道也，不成章不达。"（《孟子·尽心上》）流动的水，寄寓了生命的活力与君子的人格。

（四）孟子为何主张人性本善

"人之初，性本善。"这句脍炙人口的话，正来自孟子的思想。孟子是如何理解人性本善的呢？

> 人皆有不忍人之心。先王有不忍人之心，斯有不忍人之政矣；以不忍人之心行不忍人之政，治天下可运之掌上。
>
> ——《孟子·公孙丑上》

在这句话中，"忍"不是"忍耐"的意思，而是"残忍"的意思。所谓"不忍人之心"，用古人的解释就是"不忍加恶于人之心"，这是一份温暖而柔软的同情心。在孟子看来，每个人内心中都有一份柔软。尧、舜这样的圣王，能把这份柔软之心运用到治国理政上，他们制定的国家政策不会伤害人民。以"不忍人之心"治理天下，就像在手掌上转球一样，轻而易举。

为什么每个人都有"不忍人之心"呢？孟子没有讲大道理，而是举出了一个"千钧一发"的生活情境：

> 所以谓人皆有不忍人之心者：今人乍见孺子将入于井，皆有怵惕恻隐之心；非所以内（nà）交于孺子之父母也，非所以要（yāo）誉于乡党朋友也，非恶其声而然也。
>
> ——《孟子·公孙丑上》

"孺子"是婴儿的意思，"乍"是突然的意思，"怵惕"是心中一紧，"恻隐"是心中不忍。"内交"是"纳交"，有结交的意思；"要誉"是博取名誉。试想一下，你看到一个可爱的小婴儿，在地上爬着爬着，眼看就要掉到井里。在电光石火的一刹那，你会怎么办？

"把他抱起来！"那一瞬间，你心中一惊，不忍心看到发生不幸，在"怵惕恻隐之心"的推动下，一个箭步冲上去，把他救起来。为什么要这么做呢？这没有任何的理由：不是想借机会结交孩子的父母；不是想通过救人获得名誉，拿一面小锦旗；更不是觉得小孩子哭闹的声音很吵，出于嫌恶才出手相救。让我们出手救人的，就是来自生命深处的善的本能——不能眼睁睁地看着一条生命，在自己面前消逝，如此而已！

这种本能的触动，是孟子理解人性的起点。人对自己的同类是有恻隐之心的，我们会救下快要掉到井里的婴儿，也会同情那些可怜的弱者，为人类的苦难流下真诚的热泪。不仅如此，人对自己的异类也有一份恻隐之心。在孟子看来，齐宣王同情那头哞哞嗦嗦的大肥牛，正是真实无伪的恻隐之心。把这份恻隐之心推广出去，便是仁政王道的基本方式。

恻隐之心是孟子相信人性本善的关键！他将恻隐之心称为"仁之端也"（《孟子·梁惠王上》）。"端"是起点、端点的意思，它在小篆中最初写作：

这个字像一株小草的横截面——上面是小草的萌芽，在微风中摇摆；中间一横代表大地；下面则是扎进大地中的草根。先民在造字的时候，用小草萌芽的意象表达万物开端的词义。这种出自本能的恻隐之心，就是生命的萌芽，在每个人的内心深处扎下根来。接下来，要用后天的学习与修养，不断浇灌这棵嫩芽，让它成长为参天大树。如果没有后天的自觉努力，人性之善也会被埋没与戕（qiāng）害。孟子打过一个有趣的比方：

> 牛山之木尝美矣，以其郊于大国也，斧斤伐之，可以为美乎？是其日夜之所息，雨露之所润，非无萌蘖之生焉，牛羊又从而牧之，是以若彼濯濯也。人见其濯濯也，以为未尝有材焉，此岂山之性也哉？
>
> ——《孟子·告子上》

牛山是齐国的一座小山，上面树木葱茏，青翠丰茂，但它离临淄太近了，老百姓蜂拥而来，到山上砍伐草木，它还能保持繁茂吗？万物生生不息，天地雨露滋养，牛山上的树木不是没有嫩芽长出来，但刚刚长出来，又有人来放牧牛羊，把嫩绿的小芽啃

一起读孟子

得干干净净，因此成了那样光秃秃的了！人们见牛山光秃秃的，就以为山上不曾长过成材的大树，这难道是牛山的本性吗？山性如此，人性亦然。那些无恶不作的坏人，心中未必没有性善的萌芽，只是因为后天缺乏修养、走上歧途，才活得像光秃秃的牛山一样，完全看不到人性的光辉啊！

孟子主张人性本善，在人类精神深处寻找善的萌芽。他的性善论并不是认为人性完完全全是善良的，在乱世之中，孟子见到了太多人性无奈的一面，甚至是丑恶的一面。他曾经说过一句沉痛的话："人之所以异于禽兽者几希"（《孟子·离娄下》）。人和禽兽之间的区别，真的是微乎其微。但就是这微茫的人性之善，是我们追求道德、建立文明的基点，也是孟子在黑暗时代中牢牢把握的希望之火。

现代诗人顾城有一句很有名的诗："黑夜给了我黑色的眼睛，我却用它寻找光明。"孟子的性善论，就是在茫茫暗夜之中的一线光明！

知识小贴士：

人性本善——孟子观草木

孟子常常使用草木的意象，去讲述人性本善的道理。徐子问孟子，你说所有人生来本善，那么为什么会有尧舜与桀纣的区别呢？孟子是这样回答的："乃若其情，则可以为善矣，乃所谓善也。若夫为不善，非才之罪也。"（《孟子·告子上》）"情"指人生来就有的善性。"才"，用《说文解字》中的解释，是"草木之初也"。人本初的情性，就像草木刚出土的嫩芽一样，只有顺着原本的善性去培养，才能最终真正实现至善，长成参天大树。如果培养得不好，就像被砍伐掉的牛山的树一样，是后天的问题，而不能认为本来没有善性。

（五）孟子为什么敢"顶"国君

孟子一生"顶"过各种各样的君主，梁惠王也好，齐宣王也好，都是战国时期威名赫赫的人物，遇到了"嚣嚣"的孟子先生，不是碰钉子，就是掉到他挖的坑里。"顶"国君可不是一件好玩的事儿，用韩非子的话说，这是在触碰恶龙下巴上的逆鳞，弄不好就有性命之忧。既然如此，孟子为何还如此勇猛呢？

因为孟子胸中有一股"浩然之气"！

当初，在从魏国去齐国的路上，孟子的弟子公孙丑问他："敢问夫子，您最擅长什么事情？"

孟子想了想说："我长于辞辩，'我善养吾浩然之气'（《孟子·公孙丑上》），我擅长涵养我的浩然之气！"

夫子擅长辩论，弟子们都清楚，可什么是"浩然之气"呢？公孙丑向孟子请教。

孟子沉吟了一下，说道：

> 其为气也，至大至刚，以直养而无害，则塞于天地之间。其为气也，配义与道；无是，馁也。是集义所生者，非义袭而取之也。
>
> ——《孟子·公孙丑上》

一起读孟子

"浩然之气"是什么,这还真不好描述。简单来说,它有两个特点:一个是"至大",贯通于天地之间;一个是"至刚",具有刚正不阿的品质。浩然之气蕴含着强大的精神力量,有一种正气凛然的感觉。它需要以"直"来涵养,用正直和道义来浇灌它,容不得半点儿虚假和违心。当道义贯穿了君子的身心,浩然之气便会从心中毫无阻碍地生发出来。想要涵养浩然之气,不能"一日曝,十日寒",稍有懈怠,就会前功尽弃。与此同时,也不能拔苗助长,过于刻意。孟子专门讲过一个小故事:

> 宋人有闵其苗之不长而揠之者,芒芒然归。谓其人曰:"今日病矣,予助苗长矣。"其子趋而往视之,苗则槁(gǎo)矣。
>
> ——《孟子·公孙丑上》

"闵"有忧虑的意思,"揠"有拔的意思。有一个宋国人,家里种了几亩地,他每天蹲在田垄上,看着田间的小苗,心急如焚:"小苗啊小苗,你为啥长得那么慢呢?"看着小苗长不高,干脆亲自上手,把每棵小苗都往上拔了一截。从早到晚,干了整整一天,累得眼冒金星。他晃晃悠悠回家后,得意扬扬地说:"今天累惨了!我帮着小苗长个儿了!""什么?拔苗助长,您疯了吗……"家里人一听,内心都崩溃了。他儿子二话不说,跑到了地头一看,果不其然,可怜的小苗在被"助长"之后,全都枯死了。

孟子语重心长地说:"不要像这个宋国人一样啊!要涵养浩然之气,不能鲁莽冒进,要稳步前行,习惯成自然!"

孟子心中的"浩然之气",为他赋予了极大的勇气与坚定。除此之外,孟子的勇敢也来自古圣先贤代代相传的精神传统。他说:

> 说大人,则藐之,勿视其巍巍然。堂高数仞(rèn),榱(cuī)题数尺,我得志,弗为也。食前方丈,侍妾数百人,我得志,弗为也。般(pán)乐饮酒,驱骋田猎,后车千乘(shèng),我得志,弗为也。在彼者,皆我所不为也;在我者,皆古之制也,吾何畏彼哉?
>
> ——《孟子·尽心下》

一起读孟子

孟子雄赳赳、气昂昂地说:"游说诸侯,先要藐视他们,千万别把他们高高在上的样子当回事!"孟子真是勇猛无畏啊!游说之前,先要藐视,他是怎么做到的呢?

"当世诸侯,住在巍峨的宫殿中,富丽堂皇。我若得志,必不如此!当世诸侯,吃饭时菜肴满桌,有几百个姬妾伺候。我若得志,必不如此!当世诸侯,饮酒作乐,纵马打猎,跟随的车子多达千辆。我若得志,必不如此!他们所骄傲的,都是我不屑于做的。我要做的,全都合乎先王之道,既然如此,我有什么怕他们的呢?"在孟子心中,王公贵族的骄奢淫逸、赫赫声威,都毫不足道,可谓轻如鸿毛;自己所坚持的道义,为古代圣贤代代心传,可谓重如泰山!一轻一重,对比之下,他自然是无所畏惧了。

孟子的"浩然之气"影响深远,它鼓舞了千千万万的仁人志士,凝聚为中国人的铮铮铁骨。在南宋民族英雄文天祥的《正气歌》中,开篇即是"天地有正气,杂然赋流形。下则为河岳,上则为日星。于人曰浩然,沛乎塞苍冥"。可以说是对"浩然之气"最好的诠释了。

知识小贴士:

被"群嘲"的宋国人

宋国人是殷商人之后,亡国遗民的身份使其在春秋战国时期备受嘲讽,被打上了"愚蠢"的标签。像迂腐地坚持"义战",被楚国人打得屁滚尿流的宋襄公,就是宋国"蠢人"的典型代表。翻开战国诸子所作的寓言,宋国人被"黑"得就更厉害了。本篇"揠苗助长"的主角是宋国人;《韩非子》里"守株待兔",在树根下苦苦等待兔子的农夫,也是宋国人;《庄子》中,花重金收购帽子到断发文身的越国去卖、赔得血本无归的客商,还是宋国人。但是,可别忘了,中国古代最智慧的哲人之一——庄子,他也是宋国人。所以,可别被书中的刻板印象给骗了哦!

（六）孟子的理想人格是什么

孟子具有不同的人格面向,他是一个怀有恻隐之心的人,是一个真实坦荡的人,是一个关怀百姓的人,也是一个能言善辩的人。但如果让他自己选择,用一句话来评价自己,他也许会说:"我是一名堂堂正正的大丈夫!"

"大丈夫"是孟子心中的理想人格。什么是"大丈夫"呢?你也许会想到力大无穷的肌肉男,想到横扫千军的大将军。但在孟子看来,大丈夫精神与外在的勇武有力、威震四海,没有必然关联。

孟子有个弟子叫景春,有一天,他向孟子谈起了自己心目中的"大丈夫":

> 公孙衍、张仪岂不诚大丈夫哉?一怒而诸侯惧,安居而天下熄。
>
> ——《孟子·滕文公下》

一起读孟子

景春心目中有两个堪称大丈夫的偶像，一个是公孙衍，一个是张仪。他们都是战国时期著名的"纵横家"，也就是政治家与外交家。为什么叫作纵横家呢？在战国七雄中，西边是强大的秦国，东边是占据齐鲁之地的齐国，中间从北到南，分别是燕国、赵国、魏国、韩国和楚国。秦国兵强马壮，从商鞅变法之后一直是山东六国的大患，被称为"虎狼之国"。在这样的形势下，出现了两种外交模式：第一种，让中间五国南北连成一道竖线，大家结盟，一起对付秦国，这叫"合纵"。第二种，替秦国去游说齐国，接着分化中原的诸侯，大家东西横着一条线结成联盟，这叫"连横"。合纵与连横简称"纵横"，从事合纵连横之事的人，就被称为"纵横家"。

战国时期的纵横家非同小可，他们身居高位，权力很大。《史记》记载，著名的纵横家苏秦"并相六国"——除了秦国之外，六个强国都拜他为相。景春提到的公孙衍，"尝佩五国之相印"——身上挂着五国相印，也是威风赫赫。纵横家掌握国家权柄，左右国君的决策，一言一行都会对"国际局势"产生重大影响！他们的权力不是贵族式的继承，而是靠三寸不烂之舌游说而来，因此，往往不择手段，见风使舵，各种没节操的事情层出不穷。比如景春提到的张仪，为了让齐国和楚国断交，忽悠楚怀王，要送给他六百里土地；等楚怀王上当之后，马上翻脸反悔，说自己当初承诺的不过是六里土地。总之，纵横家是一股不可轻视的政治力量。"一怒而诸侯惧，安居而天下熄"，他们发起飙来，连诸侯都会畏惧；他们消停下来，天下也会跟着安定。

景春提到纵横家，满眼崇拜，他们地位高，权力大，能够左右天下形势，难道不是大丈夫吗？但孟子由衷地看不上他们，满脸鄙夷之色，打了一个相当毒舌的比方：

> 是焉得为大丈夫乎？子未学礼乎？丈夫之冠也，父命之；女子之嫁也，母命之，往送之门，戒之曰："往之女(rǔ)家，必敬必戒，无违夫子！"以顺为正者，妾妇之道也。
>
> ——《孟子·滕文公下》

"他们什么档次？也配叫大丈夫？"孟子不屑地说，"你没学过礼吗？男孩子行冠礼，父亲要训导他；女孩子出嫁，母亲也要叮嘱她。"冠礼是男孩子的成年礼，标志着他正式成为"社会人"，

要做一个顶天立地的男子汉。婚礼是女孩子的出嫁礼,也是她一生中最重要的礼仪。在婚礼上,母亲告诫她什么呢?在重男轻女的古代里,女子出嫁从夫,母亲会嘱咐道:"你要嫁到别人家去了,一定要小心谨慎,千万不要违背丈夫的话!"什么是好的小媳妇呢?要以顺为正,以听话温顺为第一要义。

在孟子看来,公孙衍、张仪之辈能够获得"一怒而诸侯惧,安居而天下熄"的权力,从根本上来说,是因为他们善于讨好国君,用献媚的手段骗取权力。从人格操守上说,他们没有坚定不移的原则,没有为民请命的勇气,出卖了自己的良知。因此,哪怕权力再大、手腕再高，也不过是听国君话的"小媳妇"罢了，算不上"大丈夫"！

孟子的比喻带有"重男轻女"的色彩，但其中的道理值得深思。如果一个人没有独立的人格，只是靠着谄媚、忽悠和讨好活着，既不是顶天立地的大丈夫，也不是顶天立地的大女孩。最后，孟子说了一番很有气势的话，总结了"大丈夫"的精神实质：

> 居天下之广居，立天下之正位，行天下之大道。得志，与民由之；不得志，独行其道。富贵不能淫，贫贱不能移，威武不能屈。此之谓大丈夫。
>
> ——《孟子·滕文公下》

所谓"广居"，指的是仁爱之道；所谓"正位"，指的是礼仪之道；所谓"大道"，指的是先王之道。真正的大丈夫，住进天下最宽广的房子——仁，站在天下最端正的位置——礼，走着天下最正确的道路——义。大丈夫胸怀广阔，行为端正，做每一件事都合乎道义。他被人重用的时候，与百姓共行君子之道，兼济天下；不被知遇的时候，也能一个人坚守理想，独善其身。最后，孟子总结说："大丈夫在面对富贵时，富而不骄，绝不享乐放纵；在面对贫贱时，君子固穷，绝不摇摆不定；在面对强权时，刚直不阿，绝不低三下四。""富贵"也好，"贫贱"也好，"威武"也好，尽管境遇不同，但大丈夫坚定坦荡、昂扬不屈的精神，永远不会改变！

人，活在历史的旋涡之中，柔如苇草，但在沧海横流之际，若能树立起壁立千仞的大丈夫精神，便又坚如磐石。

一起读孟子

知识小贴士：

人生在世，全靠舌头——张仪

以阴险狡猾、阿谀逢迎闻名的张仪，他的发家可谓全靠一条舌头。《史记·张仪列传》记载，张仪年轻的时候游说楚国，参加楚相的宴席。事后楚相发现自己的玉璧丢失了，门客们一致认为，张仪又穷又没品，玉璧一准儿是他偷的，于是用鞭子狠狠地打了他一顿。张仪回到家，妻子看他遍体鳞伤的样子，说："你要不是读书游学，怎会被人羞辱成这样！"张仪没有反驳，只是张开嘴，问妻子："你看我舌头还在吗？"妻子说："还在。"张仪笑了笑，说："只要舌头还在，就够了！"后来，张仪果然凭着三寸不烂之舌打动秦王，跻身卿相，成为战国令各国闻风丧胆的风云人物。纵横家们，往往朝秦暮楚，没有政治原则，难怪孟子会这么讨厌他们呢！

竖起读书人的脊梁

讲完了孟子的故事,品读了《孟子》这部书,你觉得孟子是一个什么样的人呢?

孟子的性格和孔子、庄子都不大一样,他不像孔子那样博大温和,也不似庄子那样逍遥自在,而是多了几分棱角,多了几分傲气,有更强的战斗精神!正因如此,有人会觉得孟子"迂腐",有人会觉得孟子"矫情",还有人直接说他"脾气大"。

孟子的精神气象,是战国这个特殊时代的产物。列国纷争,战火肆虐,百姓遭难,流离失所。面对无尽的黑暗与苦难,孟子挺身而出,在天下诸侯面前侃侃而谈,与不同思想流派激烈争锋,为老百姓争取生存底线。他的担当,他的责任,他所面对的压力与挑战,都让他展现出自信刚强、锋芒毕露的气象。

某种意义上,孟子是一个思想的战士!他用思想之剑,与诸侯的欲望和贪婪奋勇拼杀;用仁爱之盾,庇护着生死一线的苦难百姓。在这一过程中,孟子塑造起中国读书人的脊梁!什么是读书人?他不仅要熟读经典,更要关怀天下,有对人民大众的深沉的爱!他不仅要有文质彬彬的气质,更要以"至大至刚"的大丈夫精神为底色!他不仅要掌握知识文化,更要用良知与努力推动历史的车轮,走向更为光明的方向!

一起读孟子

  对今人来说，我们很难直接向孟子学习，在一个和谐社会里，没有太多"战斗"的空间。但就像孟子影响了中国历史上千千万万的读书人那样，他的精神气象，也可以浸润在我们的心灵之中。让我们像孟子那样，做一个正直的人，做一个坦荡的人，做一个勇敢的人，做一个充满信念的人，做一个心存大爱的人……

成语典故

百世之师	杯水车薪	彼一时，此一时		必由之路
不违农时	不肖子孙	不言而喻	不虞之誉	不远千里
采薪之忧	恻隐之心	曾经沧海难为水		出尔反尔
出类拔萃	春风化雨	大而化之	大有作为	当务之急
得其所哉	登泰山而小天下		地利人和	动心忍性
独善其身	饿殍遍野	父母之命，媒妁之言		俯仰无愧
负隅顽抗	顾左右而言他		归之如市	浩然之气
鸡鸣狗吠	岌岌可危	兼善天下	矫揉造作	尽力而为
金声玉振	敬老慈幼	拒人于千里之外		具体而微
绝长补短	来者不拒	礼贤下士	乱臣贼子	明察秋毫
男女授受不亲		弃如敝屣	却之不恭	仁民爱物
舍生取义	事半功倍	视如草芥	始作俑者	守望相助
水深火热	私淑弟子	天时地利	天无二日	天下无敌
同流合污	威武不屈	为富不仁	五十步笑百步	
挟长挟贵	心悦诚服	揠苗助长	夜以继日	一介不取
一毛不拔	一曝十寒	以辞害意	以力服人	以邻为壑
易如反掌	与民同乐	与人为善	缘木求鱼	知人论世
专心致志	自暴自弃	自以为是	自怨自艾	左右逢源

* 微信扫码可见成语典故注音、释义与出处；参照《新华成语大词典》商务印书馆2019年版；《现代汉语词典》商务印书馆第7版。

公元前 317 年
五十六岁

滕文公去世，孟子以齐国客卿的身份，前往吊唁。

公元前 314 年
五十九岁

齐国伐燕，仅用五十天，便攻入燕国都城。诸侯忌惮齐国，准备合谋伐齐。齐国陷入困境。

公元前 311 年
六十二岁

孟子在家乡授徒讲学，与弟子万章、公孙丑等人一起编纂《孟子》。

公元前 289 年
八十四岁

孟子去世。

公元前 319 年
五十四岁

梁惠王去世，梁襄王即位，孟子对他颇为不满，于是离开魏国，来到齐国。孟子与齐宣王多次对话，劝说他推行王道仁政。

公元前 316 年
五十七岁

燕哙王被人蒙蔽，将君位让给燕相子之。燕国大乱。

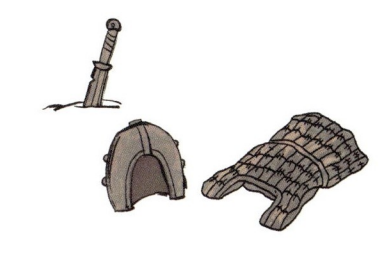

公元前 312 年
六十一岁

孟子同齐宣王隔阂日深，眼看无法实现王道理想，最终选择离开齐国。齐宣王挽留不果，孟子回到邹国，自此不再出游。

公元前 301 年
七十二岁

齐宣王去世。

★孟子年谱参考了《孟子评传》等相关著作。

公元前372年 出生

孟子出生于邹国，取名为轲。

公元前370年 三岁

父亲去世，小孟子与母亲相依为命。

公元前366年 七岁

孟母为了小孟子有个好的学习环境，三次搬家。

公元前363年 十岁

孟母严格教育孟子，有著名的"孟母买肉"的故事。

公元前358年 十五岁

孟子开始上学读书。他比较贪玩，时而逃课，孟母用"断布"的方式，勉励他不要半途而废。

公元前343年 三十岁

孟子学有所成，学通"六经"，开始授徒讲学，弘扬儒家思想。

公元前333年 四十岁

孟子出仕，周游列国。他首先来到齐国，游说齐威王，并与淳于髡进行辩论。

公元前327年 四十六岁

孟母去世。孟子悲恸欲绝，回乡葬母，守孝三年。

公元前324年 四十九岁

孟子回到齐国不久，去往宋国。他试图说服宋康王行仁政，并与大臣戴盈之、戴不胜进行论辩。在宋国期间，孟子见到出使楚国、途经宋国、尚为太子的滕文公。

公元前323年 五十岁

宋康王日益暴虐，孟子离开宋国，回到故乡邹国。他曾劝谏邹穆公，不要怪罪百姓，而是要推行仁政。滕定公去世，其子滕文公即位，派大臣然友到邹国，向孟子请教。

公元前322年 五十一岁

孟子来到滕国，辅佐滕文公行仁政王道。

公元前321年 五十二岁

孟子与农家学者许行的信徒陈相，展开激烈辩论，大败陈相。

公元前320年 五十三岁

孟子离开滕国，梁惠王进行了……孟子反复劝说梁……